VIEUX SOUVENIRS

DU

POITIERS D'AVANT 1789

SUIVIS DE NOTICES SPÉCIALES

SUR LA GRAND'GUEULE, ET L'ANCIENNE UNIVERSITÉ DE POITIERS

PAR

M. L.-F.-X. B. DE LA LIBORLIÈRE,

Recteur en retraite de l'Académie.

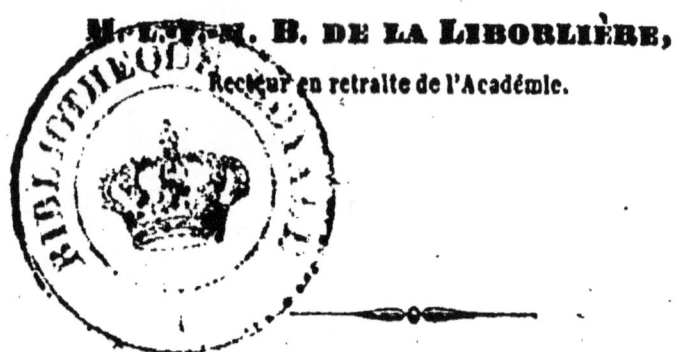

POITIERS,
CHEZ TOUS LES LIBRAIRES.

—

1846.

AVANT-PROPOS.

C'est ici le lieu de m'expliquer sur une question qui m'a été adressée plus d'une fois, lorsque mes *Vieux Souvenirs* ont d'abord paru dans le Journal de la Vienne. Comment, m'a-t-on dit, vous dont le nom figure parmi ceux des antiquaires de l'Ouest, avez-vous fait hors du sein de cette Société une publication qui rentre complétement dans le genre des matières dont elle s'occupe?... Pour répondre à cet argument *ad hominem*, je relaterai simplement des faits dénués à l'extérieur de tout commentaire, et intrinsèquement de toute arrière-pensée.

Il m'a paru que la Société recevait avec satisfaction et bienveillance le tribut personnel que chacun de ses membres payait à l'objet important et avantageux qu'elle se propose; mais qu'elle attachait peu de prix à ce que, si par hasard quelque travail particulier pouvait contenir une distraction ou une erreur, cette inadvertance fût rectifiée. Je n'ai en effet entendu lire dans aucune séance, ni trouvé dans aucun bulletin aucune notice contradictoire d'aucune espèce; puis il est résulté de ma propre expérience que des observations dont je croyais la justesse bien démontrée, bien appuyée de raisonnements et de preuves, n'ont pas obtenu la plus légère mention dans le rapport général des travaux de l'année. Je ne sais même comme quoi il est advenu que dans un de ces résumés publics se soit glissée une phrase dont la conclusion la plus naturelle semblerait être que j'ai contribué à fournir des documents pour un ouvrage dont il était rendu compte; j'ai cependant au contraire lu et déposé aux archives de la Société ce que je pourrais presque appeler un volume de remarques sur les fausses routes où des renseignements inexacts ont égaré le talent et la confiance de l'auteur. J'ai bien eu occasion de dire et d'écrire quelques petits mots sur ces omissions et transmutations d'un faible intérêt, sans doute : mais les usages de l'ancienne Rome sont de droit très-familiers à l'archéologie, et dans cette circonstance on a mis en action celui du préteur, qui, comme chacun sait, ne s'amusait pas aux bagatelles. Tout est donc resté dans cette situation qu'on appelle très-gravement en diplomatie le *statu quo*, et par plaisanterie en administration les *oubliettes*.

Peut-être au fond cela valait-il mieux ; je ne dis pas non, et l'on peut voir à la manière dont je m'exprime que l'affaire n'offre rien de fort sérieux, même à mon propre jugement. Mais enfin comme les notes que je réunis aujourd'hui contiennent plusieurs de celles dont je viens de parler, comme j'en ai ajouté bon nombre de nouvelles qui ne se trouveront pas plus parfaitement d'accord avec d'autres publications, j'ai voulu fournir des moyens de comparaison et de contrôle indépendants aux investigateurs désintéressés qui ne sont pas fâchés de réunir le plus de documents possible. Instruit par le passé, j'ai alors choisi la voie qui m'a semblé la plus sûre pour que le ballot parvînt sans encombre à leur adresse.... Voilà mon explication : paraîtra-t-elle de bon aloi ? Elle est au moins de la bonne foi la plus entière.

Après avoir traité mon affaire poitevine, je demande permission de devenir un instant cosmopolite par la pensée, et de présenter, en rentrant dans la carrière banale des généralités, quelques-unes de ces observations collectives qui, s'adressant à tout le monde, ne s'adressent réellement à personne. Elles ressemblent en effet aux tableaux proposés par certains livres pour servir de *memento* dans les examens de conscience ; chacun peut y rencontrer des articles qu'il sent lui être applicables, mais nul n'est en droit de prétendre qu'on ait eu en vue de révéler indirectement le secret de sa confession. Louis XIV, sortant d'une prédication où il crut voir que l'orateur avait songé à le désigner, lui dit : Monsieur l'abbé, je veux bien prendre ma part d'un sermon, mais je n'aime pas qu'on me la fasse. Si j'eusse écrit du temps du grand roi, et s'il m'eût fait l'honneur de me lire, j'ose me flatter qu'il aurait reconnu que je ne m'écartais pas de son programme. Dans cette confiance, et dans l'espoir qu'un tel jugement sera celui de mes lecteurs, je vais penser un moment tout haut.

La recherche des antiquités offre par elle-même un passe-temps extrêmement agréable à celui qui s'y livre ; de plus elle présente souvent pour les autres, comme pour lui, un intérêt réel et une véritable utilité. Plusieurs genres d'attrait contribuent donc à répandre chaque jour davantage le goût, je pourrais même dire la mode de l'archéologie ; aussi les sociétés appelées d'antiquaires se multiplient-elles à l'infini. Quel est le département, quelle est presque même la ville qui n'ait pas la sienne?

Mais il n'en est pas d'une science qui repose par divers points sur des bases positives et invariables, comme, par exemple, de la littérature. Là en effet, malgré les règles de convention établies par un assentiment commun et consacrées par une longue fidélité à les observer, l'imagination peut encore s'affranchir de cette entrave, se frayer de nouvelles routes, et s'abandonner à ses caprices ; il n'est jamais possible de démontrer irrécusablement qu'elle s'égare, et d'opposer à ses élans des barrières au delà desquelles aucun applaudissement ne vienne accueillir sa hardiesse. Sans doute il existe aussi dans les travaux archéologiques un vaste champ ouvert à la fantaisie, puisqu'il l'est aux conjectures : mais quelque étendu que soit cet espace, il se trouve toujours circonscrit, à une distance plus ou moins éloignée, par un cercle infranchissable de limites qui se composent à la fois ou tour à tour de principes absolus et de vérités matérielles. Aucune main, quelque puissante qu'elle soit, ne saurait tenter avec succès de renverser de telles bornes, ni même seulement de les déplacer ou de les reculer. Le génie le plus richement créateur qu'on voudra supposer est toujours obligé de contenir son effervescence, aussitôt qu'il rencontre dans sa course la plus vagabonde un débris de monument, une tradition longuement accréditée, et même un simple récit de témoins contemporains. Ces obstacles, fussent-ils plus spécieux que réels, dussent-ils s'évanouir sous l'action de l'examen et de l'analyse, il ne peut passer devant eux sans s'arrêter, sans les considérer avec un soin minutieux sous les divers aspects, pour bien apprécier, à l'abri de toute prévention et de tout mécompte, quelle est leur juste valeur.

Malheureusement ces vérités élémentaires ne frappent pas toujours l'esprit de quelques hommes qui, même avec du talent, de l'intelligence et une certaine instruction, n'ont pas employé, je ne dirai point de longues années aux grandes et profondes études générales nécessaires à un archéologue en titre, mais seulement un court espace de temps au léger travail préparatoire de circonstance, indispensable pour connaître d'une manière un peu sérieuse le sujet isolé qu'on entreprend de traiter. Ce qui semblerait les occuper uniquement, c'est le plaisir de rédiger et surtout de lire à des auditeurs réunis un mémoire quelconque sur un sujet quel qu'il soit. Aussi arrive-t-il trop fréquemment, et chaque circonscription archéologique en fournirait des preuves, qu'on ne prend pas la peine de faire toutes les recherches désirables, de compulser suffisamment les vieilles autorités, d'explorer avec assez de scrupule les traces des anciennes constructions, de remonter assez haut vers la source des traditions populaires, et de comparer avec un discernement assez rigide les renseignements fournis officieusement de droite et de gauche par une décevante obligeance. Essayant ensuite de lier entre eux un amas de documents que j'oserais presque appeler de pacotille, par des inductions hasardées, des suppositions en l'air, ou même par des allégations prononcées du ton le plus assuré, on en vient à produire un système de pure invention, au lieu d'un exposé fondé tout au moins sur des vraisemblances et des probabilités. Tel est même quelquefois l'irrésistible entraînement de l'ardeur enthousiaste à laquelle on s'abandonne, que, fût-on trop jeune pour avoir vu soi-même, ou entreprît-on de parler d'un pays éloigné du sien, il y a des moments où l'on se croirait en mesure d'apprendre aux anciens habitants ce qui s'est passé devant eux et chez eux.

Tous ces inconvénients n'auraient pas au fond une énorme gravité, si les notices, ou, comme on dit maintenant, les *monographies* dont il s'agit ne sortaient pas de l'enceinte où elles ont été lues. Mais presque toutes les sociétés font imprimer et promulguent avec une munificence très-expansive le produit de leurs travaux. Il arrive alors tout naturellement que des esquisses imparfaites tracées avec trop de facilité, se trouvent confondues dans un même recueil avec des ouvrages consciencieux et profondément marqués du cachet de la science; elles participent ainsi, dans l'opinion de l'immense majorité du public, à la confiance qu'inspirent à bon droit des documents revêtus de tout ce qui est fait pour la commander. Cette usurpation d'une part et cette méprise de l'autre sont déjà fâcheuses pour le présent, et le deviendront davantage pour l'avenir. Le seul remède à un mal qui causera par la suite plus d'un embarras et d'un tourment aux érudits futurs, serait d'abord qu'une plus grande sévérité fût apportée dans le choix des morceaux admis à la publication, pour ainsi dire, officielle; puis ensuite, qu'aussitôt qu'une inexactitude archéologique quelconque est mise en circulation, ceux qui la reconnaissent la fissent remarquer. Et pour cela, il n'est aucunement obligatoire de se trouver pourvu du diplôme d'antiquaire ; tous les terrains choisis pour établir la discussion destinée à empêcher l'erreur de se propager sont également bons. Sans doute il deviendrait avantageux que les membres des sociétés exerçassent eux-mêmes au besoin les uns envers les autres une sorte de contrôle amical et en quelque sorte fraternel ; mais ce n'est pas à dire pour cela que le droit d'observation soit interdit hors de la salle des séances. Les journaux publient et commentent tous les jours ce qui se passe dans les comités secrets des chambres, dans le conseil des ministres, et même jusque dans de plus hauts lieux qui sembleraient devoir rester encore plus inaccessibles à l'indiscrétion; c'est là une suite naturelle de la liberté de la presse. D'ailleurs, outre que les sociétés savantes distribuent largement, ainsi qu'il a été dit, leurs bulletins et leurs volumes, elles les vendent à tout acheteur qui se présente ; il est donc impossible de mieux réunir les caractères de ce qu'Horace appelait *publica materies*, et chacun peut librement en ce cas exprimer partout son opinion, sans plus *craindre le hold* que *le clerc de procureur* dont parlait Boileau.

Que s'il se trouvait, par extraordinaire, qu'un excès de susceptiblité non réfléchie entraînât pour une minute quelque auteur à se sentir blessé de ce qu'on démontrerait qu'il s'est trompé dans l'indication ou l'appréciation de tel ou tel point matériel d'archéologie, on ne pourrait que le plaindre et l'engager à méditer, pour se guérir, le raisonnement suivant. Lorsqu'un aristarque vient attaquer une composition littéraire, un ouvrage de pure imagination, il est toujours permis, il n'est jamais déraisonnable de lui dire : Vous trouvez cela mauvais, mais moi je le trouve bon ; vous pensez avoir du goût ; je crois n'en pas manquer non plus ; quel sera donc le juge sans appel de notre divergence d'opinion dans une matière où il n'y a point de règle immuable et impérative par essence? Nous parlons l'un et l'autre d'après ce que nous sentons, et les sensations peuvent être aussi différentes et aussi multipliées que les intelligences sur lesquelles leur action s'exerce.... Mais lorsqu'il s'agit de faits ou de chiffres, et que l'existence des uns ou des autres ne saurait être contestée, il n'y a plus de litige possible; dans une controverse toute positive, la vérité est purement et simplement d'un côté, tandis que l'erreur est purement et simplement de l'autre. Pas de moyen alors de crier à l'injustice, à la partialité, à l'envie, à l'ardeur de dénigrement, à la malveillance, à l'esprit de parti. Tout ce qu'il reste à faire pour celui qui s'est trompé est de regretter d'avoir effleuré trop superficiellement son sujet, et de se promettre d'y regarder de plus près une autre fois.

On a vu dans tous les temps, et l'on voit encore chaque jour des écrivains du plus haut mérite commettre des distractions ou des erreurs, et les avouer franchement, les corriger même avec reconnaissance d'après l'avertissement d'hommes souvent très-inférieurs à eux sous tous les rapports. Cette bonne foi, cette absence de propension à se formaliser, sont, à mon avis, un des attributs les plus caractéristiques de la capacité réelle et du véritable amour de la science. J'invoquerai seulement le dernier de ces deux titres pour remarquer que, bien loin d'appartenir à la secte pharisaïque qui prêchait une saine doctrine sans la pratiquer elle-même, je ne dis rien ici que je ne sois disposé à faire dans l'occasion. On peut se rappeler que, pendant la publication de mes *souvenirs* dans le Journal de la Vienne, je me suis empressé de démentir une fausse assertion que j'avais trop légèrement répétée, et d'offrir des remercîments sincères à celui qui m'avait indiqué ma méprise. Ce que j'ai fait alors, je ne balancerais jamais à le renouveler, s'il y avait lieu.

Ce serait en effet un aveuglement inconcevable que d'en vouloir à l'observateur qui n'aurait au fond qu'un tort pareil à celui de fixer l'attention sur un nombre évidemment mis pour un autre dans une opération d'arithmétique. Le bon sens tout seul défend de laisser établir en jurisprudence que du moment où un antiquaire quelconque a posé une allégation, il est interdit à qui que ce soit de s'élever contre. Il s'ensuivrait, pour prendre un exemple chez nous, que si jamais quelque *monographe*, sachant que l'Ermitage appartenait jadis aux Capucins, s'avisait de soutenir que l'aqueduc romain, appelé les Arcs de Parigny, est un reste du cloître des bons pères, tout Poitiers serait obligé de courber la tête en silence, comme signe d'assentiment.

Mais en admettant, en provoquant même à titre de mesure salutaire et conservatrice dans l'intérêt de la science, le libre exercice du droit commun d'indication critique à l'égard des erreurs commises en archéologie, on ne saurait manquer d'entendre avec une stricte rigueur que l'initiative donnera toujours à la réponse l'exemple parfait de la modération la plus réservée. Loin que des discussions de ce genre puissent jamais faire tristement souvenir que le mot *dispute* existe dans la langue française, le paisible échange des observations essentielles au développement de chaque opinion respective doit toujours rappeler, jusque dans les moindres détails, une conversation froidement raisonnée entre des gens de bonne compagnie. Dans cette argumentation, qui n'est au fond pour les contendants eux-mêmes qu'un éclaircissement dégagé d'intérêt individuel, nul soin ne devient donc trop minutieux pour éviter tout ce qui ressemblerait le plus faiblement du monde à l'aigreur, au sarcasme, à la mauvaise foi et surtout à la personnalité. Il n'y a de polémique grave autorisée par un goût pur et délicat, comme par les exigences sociales, que celle qui ne cesse pas d'écarter tout à fait les hommes du cercle où les choses se débattent. Attaquer l'écrivain quand il s'agit seulement de son ouvrage, est, d'après la logique, les convenances et le soin de sa propre dignité, la pire de toutes les manières de sortir du point de la question.

Ces réflexions, d'une portée qui s'étend partout, et dont je puis protester que je ne songe à faire nulle part aucune application directe, même mentale, je les consigne ici, non que je prétende qu'elles contiennent rien de bien neuf, mais parce que, dans la position chronologique vraiment exceptionnelle où se trouve la France de nos jours, il est plus important que jamais de ne pas les perdre de vue. Il s'est malheureusement écoulé, il y a cinquante ans, une période de destruction qui, bien que déjà étrangère aux annales de la génération présente, n'est pas entièrement tombée dans le domaine du passé, puisqu'il en reste encore quelques témoins. Pendant ces moments de désastres, les passions humaines ont opéré plus de renversements et amoncelé plus de ruines, que ce qu'un poëte appelle l'*édacité* du temps n'aurait pu produire de ravages dans l'espace de plusieurs siècles. Le terrain offert aux investigations des antiquaires s'est donc immensément agrandi; mais si la moisson est devenue plus abondante, la récolte s'est entourée en même temps de plus de difficultés. Personne, en effet, n'avait pris la précaution, qu'on aurait alors considérée comme ridiculement superflue, de constater par écrit la description et l'emploi des monuments presque aussi complétement disparus aujourd'hui de la mémoire des hommes que de la surface du sol; l'histoire ainsi que la destination d'un grand nombre est déjà non moins incertaine et non moins ignorée que leur existence. Dans cette absence de traditions et de vestiges matériels, il est bien clair que lorsque les derniers contemporains qui peuvent dire au besoin : *classibus hic locus, hic acies certare solebant*, auront éteint de leur dernier souffle les dernières lueurs qui répandent encore une ombre de clarté sur cet horizon déjà si nébuleux, ce sera en quelque sorte tout à fait au hasard que l'on essayera de décrire ce qui nul n'aura plus été à portée de voir, ce dont la plupart n'auront pas même entendu parler.

Alors, pour les chroniqueurs privés de tout moyen sûr d'éclaircissement et de vérification, les mémoires des sociétés savantes deviendront à jamais des autorités qui passeront pour inattaquables, parce que, vu la pénurie absolue d'autres documents, on n'aura rien à leur opposer. Il existera tout naturellement en leur faveur la présomption que des renseignements recueillis sous les yeux et publiés avec l'attache d'une réunion officielle d'hommes spéciaux, censés dès lors parfaitement en état de les apprécier, ne peuvent être que l'expression du vrai, surtout lorsqu'il ne s'est pas élevé une seule voix pour en contester l'exactitude. Cette considération, dont il est impossible de se dissimuler la justesse, devient donc un puissant motif de plus pour engager les auteurs de mémoires et de notices archéologiques sur notre âge moderne, à ne jamais oublier, même pour un instant, que c'est réellement par le fait de l'histoire qu'ils écrivent. En donnant comme certaines des assertions erronées, ou seulement douteuses, ils tendent des pièges à la postérité, tout en ayant l'air de lui préparer des préservatifs et des points de reconnaissance ; leurs travaux deviennent au fond plus nuisibles qu'utiles, puisqu'au lieu de contribuer à instruire, ils ne sont propres qu'à égarer. Mais si la négligence, la légèreté ou le trop de confiance dans des récits vulgaires, peuvent laisser échapper quelques indications de ce genre, il est dans les attributions, je dirais presque dans les devoirs des hommes compétents pour apercevoir sûrement les méprises, de les signaler aussitôt. Nos devanciers nous ont déjà transmis comme héritage un assez grand nombre de documents inexacts ; n'allons pas à notre tour en léguer, pour ainsi dire, exprès quelques-uns de plus à nos successeurs.

VIEUX SOUVENIRS

DU

POITIERS D'AVANT 1789.

―――

> *Narrator temporis acti*
> *Se puero...*
> HORACE, *Art poétique.*

> J'ai vu, de mes propres yeux vu,
> Ce qui s'appelle vu.
> MOLIÈRE, *Tartufe.*

Une subversion générale a eu lieu sur le sol poitevin, comme sur toute la terre française, au temps où les vieillards d'à présent ne faisaient que sortir de l'enfance ; et ils sont bien clair-semés aujourd'hui ceux dont les jeunes années précédèrent la grande période révolutionnaire. Puis, parmi ces anté-diluviens d'une nouvelle espèce, combien peu y en a-t-il qui fussent doués de l'esprit de remarque, et qui d'ailleurs eussent jamais pensé à en faire usage ! Combien peu y en a-t-il qui aient gardé le souvenir précis des objets et des événements au milieu desquels s'écoula leur adolescence ! Combien peu y en a-t-il enfin qui puissent, pour ainsi dire, rebâtir par leurs récits, et ressusciter par leurs témoignages, les monuments et les faits dont quelques mémoires privilégiées demeurent, pour de courts instants encore, le seul musée et le seul répertoire !

Par l'effet naturel et inévitable de cette cause première, il a déjà été et il est encore tous les jours publié sur le Poitiers que j'appellerais intermédiaire, dont les livres ne font pas mention, et sur lequel, par conséquent, les écrivains ne trouvent aucune lumière positive, des documents ramassés à la volée, et trop souvent jetés au hasard par des gens qui, n'ayant pas vu eux-mêmes, répètent aussi légèrement qu'ils les avaient écoutées les relations de leurs devanciers. Et d'ailleurs, pour multiplier encore les sources d'erreur et d'altération, il arrive que plusieurs de ceux-ci n'ont pas toujours été les narrateurs primitifs. Alors, partant de ces fausses prémisses, on tire nécessairement des conclusions et des inductions plus fausses encore; aussi Dieu sait jusqu'où, avec la meilleure foi du monde, on finit par être conduit, et jusqu'où l'on conduit les autres ! Il y a des choses que le talent ne remplace pas, et tout ce qui tient aux faits est de ce genre.

Comme je possède, hélas ! le triste avantage d'avoir bien connu l'ancien Poitiers, et d'avoir, si j'ose m'exprimer ainsi, assisté à la fréquente application faite sur place de la plupart des vieilles traditions; comme les détails parfois les plus minutieux de ce qui a si longtemps frappé mes yeux et mes oreilles sont encore parfaitement présents à ma pensée; je vais répondre à un désir qui m'a été fréquemment exprimé, en déposant ici une récolte d'observations faite jadis sans m'en apercevoir, et conservée depuis sans y songer. Ces remarques détachées, et peut-être quelquefois privées de liaisons méthodiques entre elles, porteront non-seulement sur les choses matérielles poitevines d'il y a tantôt un peu plus, tantôt un peu moins de soixante ans; mais même sur quelques particularités tenant soit aux usages, soit aux mœurs de l'époque. Je suis loin d'avoir la prétention d'entreprendre *ex cathedrâ* un cours d'archéologie locale, et de m'ériger en chroniqueur officiel ; je veux seulement, au rebours de Fontenelle, laisser échapper de ma main, à mesure qu'elles se présenteront, les vérités qui peuvent s'y trouver contenues. Sans doute l'objet de plusieurs de mes notes ne sera pas d'une bien haute importance : mais elles contiennent en général des choses qu'on ne trouve pas ailleurs; puis les comparaisons et les rapprochements qu'elles donneront l'occasion et le moyen d'établir, pourront par aventure devenir assez curieux. Je ne fais point serment de ne jamais dépasser tant soit peu moi-même la barrière que je semble planter par mon titre : mais s'il m'arrivait, de distance en distance, d'effleurer de la pointe du pied le terrain du présent, ce serait toujours pour courir après le passé.

LA PLACE ROYALE.

Ainsi qu'on le reconnaîtra bientôt, la place appelée anciennement *Royale*, méritait beaucoup mieux alors qu'aujourd'hui le nom de place *d'Armes*, qu'elle reçut au moment où rien n'était négligé pour faire oublier, en dépit de l'histoire, que, pendant quatorze cents ans, la France avait été gouvernée par des rois.

Il y avait toujours à Poitiers un régiment d'infanterie en garnison. Deux y sont même restés à la fois pendant assez longtemps: celui de Rouergue et celui de Poitou, puis ensuite celui de Royal-Roussillon et celui d'Agénois (1).

(1) Dans un article publié au mois d'avril dernier par le Journal de la Vienne, sous le titre de *la vieille épée de mon père*, il est dit que ce furent les officiers du régiment de.... qui firent couper par

En 1789, outre les troupes à pied, un escadron du régiment du Roi, cavalerie, vint occuper une portion des bâtiments de l'abbaye de Montierneuf, et plusieurs écuries particulières des bas quartiers de la ville (1).

leurs soldats les jeunes arbres de la toute nouvelle promenade de Blossac. Ce de...... ainsi suspendu donnerait lieu de penser que le régiment dont il s'agit portait un nom de province commençant par une consonne ; mais il y aurait erreur à le croire. C'était le beau régiment du Roi, infanterie ; corps privilégié, dont la garnison perpétuelle fut fixée plus tard à Nancy, comme celle des carabiniers à Saumur. Parmi les régiments qui ont tenu garnison à Poitiers depuis 1782, j'ai des motifs personnels pour me rappeler plus spécialement ceux de Normandie, d'Agénois, de Rouergue, de Poitou et de Royal-Roussillon. Quelques autres y ont eu des séjours plus ou moins longs. J'y ai vu, par exemple, celui de Salis, grisons, et celui de Walch, irlandais. Mes jeunes yeux furent très-frappés de l'uniforme rouge de leurs soldats, et surtout de celui des tambours et des musiciens qui portaient la superbe livrée des colonels propriétaires, comme c'était l'usage dans les troupes étrangères à la solde de France. L'infanterie nationale était alors vêtue de blanc, et sa musique et ses tambours avaient des habits bleus, garnis du galon de livrée du roi.—Je me souviens, à propos des régiments que j'ai cités plus haut, qu'un jeune officier de Rouergue, je crois, avait reçu de la nature une chevelure vraiment phénoménale. Son catogan, bien pommadé et poudré à blanc, recouvert en partie d'une plaque de cuir noir verni, coiffure militaire de ce temps-là, formait derrière sa tête un volume remarquable ; et le matin il se promenait en bonnet de police, ayant dans sa poche de redingote le bout d'une tresse énorme qui lui garnissait toute la longueur du dos.

(1) A la page 421 du volume des Mémoires de la Société des antiquaires de l'Ouest, pour l'année 1860, j'ai remarqué, à l'occasion du corps dont je viens de parler, une erreur assez plaisante, et bien propre à exercer la pénétration de ceux qui veulent encore se rendre un compte raisonnable de ce qu'ils lisent. Dans la reproduction d'un ancien mémoire de dépenses de l'hôtel de ville de Poitiers, on compte en 1790, parmi les éléments de la population, 275 hommes *du régiment du Roi LA VALLIÈRE, en la caserne de Montierneuf...* Il y a sans doute dans le manuscrit primitif *cavallerie* écrit par deux *ll* et un C allongé, avec une apparence d'intervalle après la première syllabe. Alors le copiste ou l'imprimeur, préoccupé, a lu la Vallière. La pauvre

Quoique Poitiers fût habituellement place militaire, il ne possédait point de caserne proprement dite. On établissait les soldats dans toutes les maisons en état de non-habitation, ou affichées à louer, au moment où un régiment nouveau venait planter ses drapeaux dans nos murs ; de sorte que la garnison, disséminée par compagnies, et quelquefois par pelotons, dans des rues souvent éloignées les unes des autres, n'était soumise qu'à une multitude de surveillances partielles, difficiles à exercer d'une manière exacte et uniforme. D'un autre côté, les propriétaires de maisons vacantes ne trouvaient pas toujours dans le prix du loyer et les indemnités qui leur étaient allouées, le dédommagement complet des dégâts inévitables occasionnés par les locataires qu'on leur imposait. Cependant un état de choses si incommode et si fâcheux tout à la fois pour la discipline militaire et pour les intérêts des habitants, se prolongea jusqu'à ce que, peu de temps avant la révolution, arrivât la facilité de fonder enfin une caserne en règle (1).

Il existait dans le voisinage de l'abbaye de la Celle un monastère de filles de Sainte-Catherine, appelées vulgairement les *Cathelinettes*. Dès l'époque où Thibaudeau écrivait son histoire, la suppression de ce couvent était prononcée, mais il avait été décidé qu'on le laisserait

sœur carmélite, Louise de la Miséricorde, ne se doutait guère que plus de cent ans après tout ce qu'elle avait fait à Paris pour qu'on oubliât son nom, une faute d'orthographe et une distraction viendraient lui donner à Poitiers ce nouveau genre de célébrité.

(1) Les inconvénients graves du mode de casernement, et l'humeur querelleuse des étudiants en droit, qui s'étaient traditionnellement constitués en hostilité permanente contre les officiers avec lesquels ils se battaient journellement en duel, faisaient de la garnison de Poitiers une destination dont les chefs de corps employaient tous leurs efforts à se garantir.

s'éteindre de lui-même. Une seule religieuse l'a habité pendant une longue suite d'années; puis enfin elle mourut dans une extrême vieillesse, et la communauté devint une caserne d'infanterie. Je me souviens principalement d'y avoir vu le régiment de Royal-Roussillon, et il s'y trouvait au moment de la révolution.

Les jardins et les cours du monastère fournirent naturellement un terrain propre à la première instruction des recrues. Auparavant c'était en partie sur la place Royale qu'avait lieu cet exercice. Chaque jour dès le grand matin, les voisins étaient régalés du glapissement de vingt-cinq sous-officiers (on disait alors *bas-officiers*), qui répétaient à l'envi aux petites divisions confiées à leurs soins, *tête droite*, *tête gauche*, et les commandements divers de la charge en douze temps, avec le détail récréatif des mouvements décomposés. A l'heure de la soupe, la place était rendue à la circulation civile; puis vers midi, elle reprenait un aspect guerrier, à l'occasion de la parade et du renouvellement de la garde. Quelquefois, dans la journée, il y avait encore école pour le maniement des armes; enfin le soir, avant la retraite, un envoyé de chacune des casernes venait chercher le mot d'ordre, qui se donnait solennellement au milieu d'un grand cercle formé par des sentinelles, et doublé, à quelques pas, d'un plus grand encore composé de polissons et de badauds.

Les dimanches étaient signalés par la réunion armée tantôt d'une partie, tantôt de la totalité du régiment. Après une petite revue, la troupe allait à la messe dans l'église des Augustins, où une assistance choisie venait remplir les places disponibles; puis au sortir de là, se faisait avec grand appareil le défilé de la parade au son de la musique et des tambours. Il devient sans doute inutile de dire que tous les balcons et les fenêtres étaient garnis de spectateurs, et qu'une affluence de population, accourant de tous les quartiers, bordait à rangs pressés la circonférence de la place. Lorsque deux régiments se trouvaient ensemble dans la ville, l'un d'eux allait à la messe aux Jacobins, et chacun avait son dimanche pour la parade. De là naissaient entre les amateurs, sur la préexcellence de l'une ou l'autre musique des deux corps, des disputes presque aussi vives que celles des Gluckistes et des Piccinistes.

J'observerai en passant que les musiques étaient pour les divers régiments un sujet de forte dépense et de rivalité très-prononcée. Les colonels, presque tous extrêmement riches, payaient fort cher de leurs propres deniers des artistes distingués. Les officiers de tout grade consacraient même à cet objet des retenues volontaires exercées sur leurs modestes appointements. Dans la plupart des musiques, la grosse caisse et les deux paires de cymbales étaient confiées à des nègres costumés à la turque avec une éclatante magnificence.

On faisait les grandes manœuvres et les exercices à feu dans les prés voisins de la porte de la Tranchée. C'était un genre de spectacle qui se donnait ordinairement le soir à l'heure de la promenade, et qui attirait toujours une foule nombreuse. J'ai ouï raconter souvent qu'une année où la réunion avait lieu dans la pièce de terre située vis-à-vis de la terrasse de Blossac, un jeune officier, dont je pourrais dire le nom qui s'est allié avec un autre de notre pays, avait aperçu le long du parapet plusieurs dames de la société où il était reçu habituellement. Alors profitant d'un *repos*, il traversa le fossé, et monta jusqu'au haut du rempart, en mettant ses pieds et ses mains entre les joints des pierres, dans l'angle formé par la grande muraille droite et l'une des tours semi-circulaires garnies de bancs. Arrivé sans malencontre près des personnes qu'il désirait saluer, il redescendit de la même manière lorsque le roulement se fit entendre. Voilà, j'espère, un exploit gymnastique digne d'avoir été précurseur des prouesses de l'école Amoros!

Parmi les souvenirs purement locaux de l'époque dont je m'occupe, je vais en rappeler un qui se rattache non-seulement aux militaires habitant alors Poitiers, mais à ceux de toutes les autres garnisons; je veux parler des épaulettes. Je les ai d'abord vues très-étroites de corps et très-longues de franges, attachées tellement en avant qu'on ne les apercevait pas du tout par-derrière. Les jeunes gens exagéraient cette mode au point qu'un vieux major leur reprochait de n'avoir plus que des *poitrinettes*. Tout d'un coup le goût changea, et, comme à l'ordinaire, la transition substitua un extrême à l'autre. Le corps des épaulettes devint fort large, et les franges courtes et roides comme le crin d'une brosse; puis on les plaça sur les coutures du derrière des emmanchures, de manière qu'un officier vu de face paraissait n'avoir aucun insigne de grade.

Mais au reste, puisque j'en suis sur le chapitre des accessoires du costume, ce n'est pas seulement dans celui des militaires qu'il s'est introduit des variations sous ce rapport depuis un demi-siècle. L'élégance ecclésiastique prescrivait à Poitiers, au temps vers lequel je remonte, de porter des rabats de gaze noire très-étroits, très-courts et entourés d'un bord blanc très-prononcé: maintenant l'usage ordonne qu'ils soient en taffetas, longs, larges, et que leur bordure blanche forme un simple filet. D'un autre côté, beaucoup de jeunes prêtres, même parmi ceux qui veulent faire preuve de bon goût dans leur tenue extérieure, se garnissent la tête d'une vaste timballe de cuir terne, dont la capacité équivaut à celle d'une casquette ou même d'un bonnet. Ils seraient bien surpris s'ils voyaient reparaître leurs prédécesseurs d'il y a cinquante ans, avec des petites calottes luisantes qui, destinées seulement à couvrir la tonsure, ne dépassaient pas de beaucoup en diamètre la largeur de la main ! La marche du temps entraîne donc tout à la fois et les monuments les plus solides, et les institutions les plus sérieuses, et les habitudes les plus légères!... Mais revenons sur la place Royale.

L'église des Augustins, transformée aujourd'hui en magasin, se faisait remarquer par l'élégant et riche portail qu'on y voit encore : seulement, au lieu de la terrasse entourée d'une balustrade, qui a été construite par les acquéreurs *nationaux*, la colonnade était surmontée d'un fronton servant de base aux trois statues de la sainte Vierge, de saint Augustin, et, je crois, de sainte Monique. La fenêtre cintrée ouverte au faîte du pignon, se trouvait masquée par le cadran de l'horloge. Au-dessus de ce pignon s'élevait une campanille en charpente recouverte de plomb et d'ardoises, qui renfermait les timbres. Lors de la suppression des couvents, l'horloge fut transportée dans le clocher de St-Porchaire, sur la pointe duquel, en dépit du bon goût et des convenances architecturales, on ajusta la campanille, tout en plaçant le cadran dans une grande lucarne de galetas, que l'on construisit exprès pour le recevoir.

Le joli péristyle des Augustins, pièce de rapport,

plaquée après coup, n'était que la plus trompeuse des annonces ; l'église assez grande, mais sombre, mesquine, et sans voûte de pierre ni bas-côtés, offrait seulement comme digne de remarque une superbe chaire en bois sculpté, à laquelle on arrivait, non, suivant l'usage à peu près universel, par un escalier apparent, mais par les corridors du monastère. Un Samson colossal, aussi nu que la décence pouvait le permettre, soutenait la tribune de la chaire sur sa tête et sur ses bras. Les connaisseurs admiraient ce bel ouvrage tout en chêne de couleur naturelle : on vantait surtout le dessin général et les détails anatomiques de la statue, qui annonçaient le talent d'un artiste du mérite le plus distingué.

Cette statue fournissait à la gaîté maligne du peuple une plaisanterie consacrée. A l'époque dont je parle, la plus grande partie des hommes de toutes les classes remplissait au moins le devoir pascal, et quand on voulait citer quelqu'un qui passait pour ne pas satisfaire à cette obligation, l'on disait : C'est un pénitent du père Samson, aux Augustins.

Le chœur des moines était placé dans l'étage supérieur des bâtiments intérieurs de la communauté. On ne le voyait point de l'église, avec laquelle il communiquait seulement par une vaste fenêtre pratiquée au-dessus du rétable de l'autel.

A certains temps de l'année, et notamment pendant le carême, avait lieu dans l'église des Augustins, ce qu'on appelait *le travail des pauvres*. Aux jours et heures indiqués par des billets imprimés et distribués dans les maisons riches, les dames arrivaient en foule, et trouvaient tout préparés du fil, des aiguilles, des toiles et des étoffes de laine taillées d'avance pour confectionner différentes pièces d'habillements destinés à l'hôpital général. Pendant les deux ou trois heures qu'elles employaient à cette œuvre de charité, un prédicateur les entretenait de la parole de Dieu, et d'abondantes aumônes étaient recueillies par des quêteuses distinguées. Un grand nombre de voitures rangées en file stationnait autour de la place, attendant la fin de la réunion, à laquelle assistaient les jeunes femmes les plus élégantes (1).

Le couvent des Augustins n'avait aucune apparence au dehors, et les dedans ne présentaient rien qui fût digne d'attention.

Le premier étage de la maison d'un épicier, contiguë à l'église, servait de café militaire, fréquenté uniquement par les officiers de la garnison. La salle à laquelle appartenait le balcon encore existant aujourd'hui, était loin d'offrir les recherches de luxe et de commodité que l'on prodigue actuellement dans les lieux de réunion du même genre; l'escalier qui y conduisait occupait un des coins de la boutique, qu'il fallait toujours traverser soit pour entrer, soit pour sortir. Un seul autre café existait dans la ville : c'était celui des étudiants en droit, situé dans la rue du Collége (2). Il y avait bien quelques billards, mais c'était un mauvais relief que de les fréquenter ; et aucun homme jeune appartenant à la classe bourgeoise, comme à la première société, n'aurait osé s'attabler dans

(1) On lit dans un mémoire de M. l'abbé Bobe sur les hôpitaux de Poitiers, que « le projet de ce travail était dû à un officier du régiment » du Roi qui le proposa chez l'Intendant, » et que « ce fut cet » officier qui fit l'exhortation dans la chapelle du collége. »

(2) Pour ne rien omettre, je me suis rappelé qu'un troisième petit café sans importance se trouvait aussi dans la rue du Collége, en face de celui des étudiants.

un lieu public portant le nom de café. Les artisans et les gens du peuple allaient tout bonnement au cabaret.

Au milieu de la place Royale, s'élevait une enceinte formée par des grilles de fer entourées de bancs en pierre. Un piédestal peint en bronze et en marbre supportait une statue colossale pédestre de Louis XIV, peinte aussi en couleur de bronze. Deux faces du piédestal offraient des inscriptions latines, dont les faces opposées contenaient la traduction française. Plusieurs années avant la révolution, l'un des bras de cette statue fut brisé par des jeunes gens, à la suite d'une orgie nocturne, et ils accompagnèrent leur acte d'étourderie de circonstances qui obligèrent l'autorité à former une enquête et des poursuites. Celui que l'on considérait comme le plus coupable prit la fuite, sortit du royaume, et passa en Russie où ses talents lui procurèrent une existence agréable et avantageuse. Puis, à l'époque où les changements politiques arrivés en France effacèrent des souvenirs déjà bien anciens, et qui n'avaient d'ailleurs pour objet qu'une folie de jeunesse, il revint à Poitiers. Il y est mort, décoré, après avoir longtemps occupé, sous la république, l'empire et la restauration, divers emplois publics honorables et importants.

L'image du grand roi était de droit au nombre des monuments que les fureurs du vandalisme devaient le moins ménager; aussi fut-elle mise en pièces avec le fracas solennel qui signalait de pareilles expéditions. La tête, seul débris échappé au désastre, est déposée dans le temple St-Jean, devenu musée des antiquaires de l'Ouest.

Sur l'emplacement où se trouve maintenant la salle de spectacle, on voyait deux bâtiments, pour ainsi dire, jumeaux, qui ressemblaient à deux granges très-basses,

— 15 —

longuement alignées l'une près de l'autre. C'étaient autrefois la boucherie et la poissonnerie : je les ai encore vus tous deux employés à cet usage, et ils furent abandonnés lors de la translation de l'ensemble complet du marché sur la place de Notre-Dame. La poissonnerie a cependant conservé plus longtemps sa destination. La boucherie servit aussi durant quelques années pour le débit de la viande pendant le carême, et elle a fini, après être restée sans aucun emploi, par s'écrouler, faute de réparations (1). La poissonnerie, construction plus moderne, fut occupée en dernier lieu par ce qu'on nommait *Poids-le-Roi*, c'est-à-dire lieu où certaines marchandises étaient officiellement pesées et soumises à des droits prescrits.

Le bel hôtel, voisin du corps-de-garde, avait été construit par le comte de Nieuil, ancien colonel d'infanterie et maréchal de camp en retraite; il le céda à son frère aîné, chef d'escadre et cordon-rouge, puis il bâtit pour lui-même celui qui contient aujourd'hui le plus brillant de nos magasins de bijouterie, et l'un des cercles appelés littéraires de Poitiers. On a eu, et même, paraîtrait-il, à plusieurs reprises, l'heureuse idée d'acheter le premier des édifices dont je viens de parler pour en faire l'hôtel de ville; mais, comme tant d'autres, ce projet a toujours avorté. C'est aussi le comte de Nieuil qui avait fait élever le pavillon hexagone que l'on voit à droite près de la grande route, entre la porte de la Tranchée et Pont-Achard, sur la mu-

(1) Comme la loi de l'abstinence quadragésimale était assez généralement observée, on nommait chaque année un boucher de carême chargé seul du débit public de la viande pour le temps où cette espèce d'aliment devenait une exception. C'était lui qui faisait promener avec grande pompe le bœuf gras dans toutes les rues de la ville au moment du carnaval.

raille de clôture d'un jardin qui lui appartenait (1).

Les amateurs de la régularité de leur montre, qui vont chaque jour épier l'instant précis où la méridienne tracée sur la façade d'un café de la place d'Armes marque midi, et qu'on a spirituellement appelés *les chevaliers du soleil*, doivent des regrets amers à la mémoire du comte de Nieuil. Il avait établi sur la terrasse du second hôtel bâti et habité par lui, une lentille qui annonçait midi par l'explosion d'un petit canon, comme au palais royal.

L'usage des chaises à porteurs était autrefois très-commun dans notre cité. Non-seulement les femmes s'en servaient habituellement pour faire des visites ou se rendre aux soirées; mais l'étiquette voulait que les hommes fussent voiturés de cette manière dans beaucoup de circonstances. Tous les récipiendaires de l'Université ou des différentes corporations, tous les nouveaux membres du barreau ou de la magistrature, allant s'acquitter des premières démarches de politesse envers leurs collègues, étaient portés en chaise. La plupart du temps, un domestique, soit en livrée, soit en tenue bourgeoise soignée, suivant la qualité du visiteur ou de la visiteuse, accompagnait le véhicule, qui, sauf de très-rares exceptions, était de louage et fort peu élégant à l'extérieur comme à l'intérieur. Les accessoires n'offraient rien de plus brillant : le soir chacun des porteurs suspendait aux bâtons de la chaise, pour guider sa marche, une lanterne de papier huilé. Lorsqu'on n'avait pas de domestique à soi, et qu'on devait faire un long cours de visites, on louait un homme pour suivre, ou plutôt précéder la chaise, auprès

(1) Le comte de Nieuil mourut vers 1787. Ses pompeuses funérailles, qui eurent lieu dans l'église de St-Porchaire, sa paroisse, firent événement pour la curiosité publique.

de laquelle il n'était pas extraordinaire de voir un mari marchant à pied, afin de se trouver en mesure de donner la main à sa femme, en entrant dans les salons où elle se faisait transporter.

Une longue allée, formée par des arcades, bordait la cour d'une grande maison située vis-à-vis de la façade latérale du second hôtel de Nieuil, et rebâtie sous nos yeux assez récemment. Le propriétaire de cette sorte de cloître accordait, ou peut-être même faisait payer la permission de déposer là une dizaine de chaises dont les porteurs, reconnaissables à leurs bretelles de cuir blanc, attendaient, en se promenant sur la place, que l'on vînt requérir leur ministère, quelquefois si recherché qu'il fallait prendre son tour. Mais le plus souvent on était sûr de voir, soit marchant gravement de long en large, soit assis sur les bancs qui bordaient les grilles d'enceinte de la statue, plusieurs paires de porte-chaises mêlés à des portefaix, espèce alors aussi fort nombreuse, et stationnant de même du matin au soir sur le terrain sablé du quartier général commun, quand elle n'était pas employée. Une hiérarchie très-prononcée existait entre les portefaix et les porte-chaises. On reconnaissait les derniers, d'abord à leur costume assez propre et à peu près uniforme, tandis que celui des premiers n'avait aucune de ces deux qualités. La blouse, devenue depuis si universelle pour les hommes de peine, appartenait encore exclusivement, dans notre pays, aux charretiers et aux vignerons du Mirebalais. Ensuite la décoration distinctive des porte-chaises consistait, ainsi que je l'ai dit, dans des bretelles de cuir; celle des portefaix, étalée de même en écharpe, se composait de plusieurs cordes attachées ensemble par un gros nœud qui retombait sur la hanche. Le peuple toujours animé d'un esprit goguenard, donnait aux portefaix le titre de *cordons bleus de la place Royale*. Il appelait de même, sans que je puisse en apercevoir le motif, *conseillers de la Tranchée* les vidangeurs qui déposaient alors, comme aujourd'hui, près du faubourg de ce nom les produits odorants de leurs récoltes ténébreuses.

Plusieurs des habitations qui entourent la place, et qui sont devenues des cafés, des boutiques, des logements à louer, etc., étaient des hôtels appartenant à des familles riches et placées dans les premiers rangs de la société. Il en est de même d'un grand nombre de maisons de l'intérieur de la ville, qui ont été achetées, soit par des commerçants, soit par des personnes dont la profession, les goûts ou même la fortune établissent une différence totale entre leur genre de vie et celui des anciens propriétaires.

La maison reconstruite depuis quelques années au coin, à droite, de la rue qui conduit de la place d'Armes à Saint-Porchaire, me rappelle une anecdote dont le récit était très-répandu dans mon enfance, mais dont le souvenir s'efface, comme tous les autres, à mesure que la date de cet événement s'enfonce dans le passé. La femme d'un orfévre appelé Mervache, étant attaquée d'une maladie déclarée mortelle, et dont elle-même, quoique assez jeune encore, ne croyait pas pouvoir guérir, demanda d'être enterrée avec une bague de prix qui lui était fort chère, et qu'elle gardait toujours à son doigt. On respecta cette dernière volonté, et quand on l'ensevelit dans le funèbre linceul, son joyau ne lui fut pas enlevé. Le fossoyeur, instruit de la circonstance, voulut s'approprier un bijou dont la valeur était, à ses yeux, une petite fortune, et dont il pensait que la soustraction, qui, selon lui, ne faisait tort à personne, serait à jamais ignorée. Il alla donc, au milieu de la nuit, ouvrir la fosse, le cercueil, et se mit en devoir d'arracher la bague ; mais, ou madame Mervache avait la main un peu enflée, ou, comme il arrive assez souvent lorsqu'on porte longtemps un anneau sans jamais le quitter, la chair avait formé au-dessus une sorte de bourrelet. Alors la secousse ou même la douleur occasionnée par cette résistance tira de sa léthargie la prétendue morte, qui poussa un gémissement aigu (1). Le fossoyeur épouvanté s'enfuit comme s'il avait eu à ses trousses tous les défunts enterrés dans le cimetière depuis deux cents ans ; la pauvre ressuscitée, s'enveloppant de son suaire, sans perdre sa présence d'esprit, se rendit chez elle, et frappa à la porte d'un bras vigoureux. La servante, réveillée en sursaut, faillit tomber à la renverse, lorsqu'en ouvrant la fenêtre elle entendit la voix de sa maîtresse, et distingua son costume ; mais le mari, qui accourut au bruit, reconnaissant aussitôt celle dont il pleurait amèrement la perte, s'élança au-devant d'elle avec les transports de la joie la plus vive. Ils vécurent de nouveau plusieurs années ensemble, et ils eurent même encore des enfants. Cette histoire m'a été racontée par des personnes qui prétendaient avoir connu les époux Mervache. J'ignore si la maison dont je parle en fut le théâtre ; mais il est très-certain qu'elle a été habitée par eux, ou tout au moins par quelqu'un de leurs parents. En effet, bien qu'elle eût changé de propriétaire et de destination commerciale au temps où j'ai commencé à savoir les choses par moi-même, je me rappelle, de la manière la plus positive, avoir lu le nom de Mervache

(1) Une variante de la légende parlait même d'une tentative de doigt coupé.

écrit en grosses lettres, comme enseigne, sur le volet d'une ouverture latérale de la boutique.

Autrefois, de même qu'à présent, on voyait pendant l'été une foule de promeneurs se rendre chaque soir à la brune sur la place Royale, avec cette différence que c'était leur après-souper qu'ils venaient y passer. L'abbé Gibault, mort il y a quelques années chanoine honoraire de la cathédrale, professeur à l'école de droit, et bibliothécaire de la ville, employait de la sorte une de ses soirées d'étudiant en théologie à arpenter, sans autre compagnon que ses propres idées, l'un des bords de la place. Tout d'un coup, il voit fondre sur lui deux ou trois jeunes gens qui débutent par le maltraiter de la manière la plus violente. Trop faible pour résister, mais assez grand et assez leste pour concevoir l'espérance de leur échapper, il prend sa course par la rue de la Galère et celle du Chaudron-d'Or. Un des assaillants, aussi agile que lui, le poursuit, l'atteint, lui donne un coup de couteau dans le ventre, et le laisse pour mort sur le pavé. On le recueille, on le soigne, un procès criminel est entrepris : il résulte de l'information que les assassins, qui appartenaient à l'une des classes moyennes de la société, obéissaient à la fureur d'un désir de vengeance particulière, et qu'ils avaient pris pour un autre celui qui était devenu leur victime. Ils se cachèrent, s'expatrièrent pendant quelque temps; puis l'affaire fut assoupie; mais le malheureux objet de la fatale méprise ne s'est pas moins ressenti toute sa vie des suites de cette déplorable aventure.

EGLISES.

Les églises de Poitiers étaient extrêmement nombreuses : les clochers semblaient de loin une forêt de pyramides plus ou moins aiguës qui s'élevaient au-dessus de la ville. Il s'écoulait peu d'instants de suite, surtout dans la matinée, sans que l'on entendît le son de quelque cloche, soit dans un quartier, soit dans un autre ; et la veille ainsi que le jour des grandes fêtes, le bruit de tous les carillons réunis produisait un effet bien propre à étonner les oreilles qui en étaient frappées pour la première fois.

On comptait : 1° cinq chapitres : Saint-Pierre, Saint-Hilaire, Sainte-Radégonde, Notre-Dame, Saint-Pierre-le-Puellier ;

2° Vingt-quatre paroisses : Saint-Austrégisile, Saint-Cybard, Saint-Didier, Saint-Etienne, Saint-Germain, Saint-Hilaire-de-la-Celle, Saint-Hilaire-entre-les-Eglises, Saint-Jean, Saint-Michel, Montierneuf, Notre-Dame-l'Ancienne, Notre-Dame-de-la-Chandelière, Notre-Dame-la-Grande, Notre-Dame-la-Petite, Sainte-Opportune, Saint-Paul, Saint-Pierre-l'Hospitalier, Saint-Porchaire, Sainte-Radégonde, la Résurrection, Saint-Saturnin, Saint-Savin, Saint-Simplicien, Sainte-Triaise ;

3° Onze monastères d'hommes, les Augustins, les Bénédictins, les Capucins, les Carmes, les frères de la Charité, les Cordeliers, les Feuillants, les Génovéfains, les Jacobins, les Minimes, les religieux de Montierneuf ; cette dernière maison, celle des Bénédictins et celle des Génovéfains étaient des abbayes ; la seconde sous le titre de Saint-Cyprien, et la troisième sous celui de Saint-Hilaire-de-la-Celle ;

4° Quinze communautés de femmes, le Calvaire, les Carmélites, Sainte-Croix (abbaye), les sœurs grises de la Cueille, les filles de Saint-François, les sœurs grises de l'Hôtel-Dieu, les Hospitalières, les sœurs grises des Incurables, les sœurs grises de Montbernage, les filles de Notre-Dame, les sœurs grises des Pénitentes, la Trinité (abbaye), l'Union-Chrétienne, les Ursulines, la Visitation.

Total, cinquante-cinq églises, réduites par le fait à cinquante-deux, parce que les paroisses de Montierneuf, de Notre-Dame-la-Grande et de Sainte-Radégonde n'avaient point d'édifice particulier.

Il faut ajouter les chapelles de Bicêtre, du Collége, de l'Hôtel de Ville, de Saint-Nicolas, du Palais, du Grand, du Petit-Séminaire, et de St-Jacques.

C'étaient donc au moins soixante édifices consacrés au culte catholique.

En comptant à Saint-Pierre environ trente prêtres, tant dignitaires que chanoines et chapelains ou hebdomadiers, à Saint-Hilaire, trente-six, à Ste-Radégonde, vingt-cinq, à Notre-Dame, vingt-quatre, à Saint-Pierre-le-Puellier, quinze ; ensuite vingt-quatre curés, à peu près seize vicaires, quinze aumôniers de religieuses, huit prêtres attachés aux séminaires, de plus environ trois Augustins, huit Bénédictins, douze Capucins, huit Carmes, six Cordeliers, quatre Feuillants, quatre Génovéfains, six Jacobins, deux Minimes, huit religieux de Montierneuf, enfin plusieurs prêtres qui n'étaient attachés à aucun établissement, il pouvait se dire tous les jours à Poitiers, terme moyen, deux cent cinquante messes.

CHAPITRE DE SAINT-PIERRE.

L'église cathédrale a subi, depuis 1789, plusieurs modifications dans l'intérieur. Les deux transsepts, occupés aujourd'hui, celui de droite par l'autel des Jacobins, et celui de gauche par l'autel des Capucins, formaient autrefois des chapelles séparées de la nef par de hautes balustrades ou colonnades en pierre sculptée. Ces deux chapelles étaient appelées, l'une des Apôtres, dont les douze statues ornaient le pourtour, et l'autre, des Evêques, dont la sépulture est placée dans un caveau creusé au-dessous (1).

La première des deux chapelles dont je viens de parler est devenue la paroisse. Elle a conservé le tableau de Saint-Dominique instituant la dévotion du Rosaire. Il y a quelques années que le tableau de la seconde, qui est dédiée au Sacré Cœur, en a remplacé un autre assez bon dont les principaux personnages étaient deux saints prélats, presque de grandeur naturelle. Dans les jours de délire où se succédèrent tous les genres d'extravagances, on les avait fait affubler de mitres et de chapes tricolores par quelque barbouilleur en bâtiments. — Il n'y avait pas, avant la révolution, de paroisse attachée à l'église cathédrale.

La chapelle des Apôtres et celle des Evêques étaient employées comme magasin de chaises, comme décharges de la sacristie, et comme dépôt d'une grande partie des petites armoires dans lesquelles les chanoines déposaient leurs surplis, leurs aumusses, leurs bonnets carrés et leurs livres. Non-seulement en effet les chanoines de la cathédrale, mais même ceux des autres chapitres, ne

(1) Lors de la mort de l'évêque constitutionnel, Lecesve, on trouva un jour affichée sur la porte de ce caveau où il avait d'abord été enterré, et d'où il a été retiré depuis, l'épitaphe suivante aussi énergique que triviale :

Ci gît Lecesve, évêque intru :
Le diable s'en chauffe le c....

Il y a eu pendant longtemps aux capucins un père Lecesve, frère de l'évêque, alors curé de Sainte-Triaise.

prenaient point leur costume de chœur dans la sacristie ou dans un vestiaire commun, avant de se rendre à leurs stalles ; ils avaient chacun une armoire particulière placée soit dans une chapelle, soit auprès d'un pilier, et ils venaient s'y habiller ou s'y déshabiller devant tout le monde, en entrant et en sortant.

Le chapitre de Saint-Pierre se distinguait des quatre autres par un habit de chœur d'hiver, qu'il endossait à la Toussaint, pour le quitter à Pâques. On mettait sur le surplis un grand manteau de drap noir, dont les devants étaient doublés de velours cramoisi ; puis sur ce manteau un camail formant rotonde, fermé par-devant avec des boutons rouges, et terminé en arrière par une longue pointe triangulaire. La tête était entièrement recouverte par un capuchon faisant partie du camail, et doublé de velours cramoisi comme le manteau. Cette précaution contre le froid ébouriffait un peu les coiffures à rouleaux frisés, crêpés, pommadés et poudrés que le clergé portait alors. Tout le bas-chœur, les musiciens, et même les enfants de la psalette, avaient le camail, mais sans manteau. Le grand chantre et ses assistants se revêtaient de la chape par-dessus le costume de chœur. Il en était de même des petits acolytes tenant des chandeliers auprès de la croix. Le camail et le manteau, déposés aussi dans les armoires particulières dont il a été question plus haut, se prenaient et se quittaient aussi à la vue des assistants. De Pâques à la Toussaint, les chanoines de St-Pierre portaient l'aumusse comme ceux des autres chapitres... Je songe que j'aurais déjà dû apprendre à quelques-uns de mes lecteurs que l'aumusse était une longue pièce de fourrure de petit gris, doublée d'hermine, que les chanoines plaçaient sur le bras gauche, en la laissant retomber jusque sur les pieds, et qui devenait leur marque distinctive. Le doyen et les autres dignitaires n'offraient dans leur costume rien qui les fît reconnaître.

A la cathédrale, comme à Saint-Hilaire et à Sainte-Radégonde, qui avaient aussi des psalettes, il était fréquemment exécuté des messes, des vêpres et des motets en musique. Les instruments ordinaires d'accompagnement étaient, outre deux serpents et un basson que tenaient des choristes en soutane et en surplis, une basse jouée par un artiste de la ville attaché au chapitre, mais vêtu de son costume bourgeois. On ne connaissait point les contre-basses à Poitiers avant l'arrivée du dernier maître de psalette de Saint-Pierre, qui en apporta une dont il jouait lui-même. Cet instrument, trouvé alors gigantesque, fut pendant quelque temps l'objet de l'attention générale. Aux grandes solennités extraordinaires, on réunissait dans le chœur des chapitres un orchestre complet composé d'artistes et d'amateurs.

A l'extrémité du chœur de Saint-Pierre, qui est maintenant fermée par la grande grille de l'ancienne abbaye de Sainte-Croix, s'élevait un jubé sous lequel régnait un passage. Pour donner place à la grille, il a fallu reculer les stalles qui forment le retour d'équerre, et en supprimer au moins une de chaque côté. C'est ce qui fait qu'aujourd'hui, dans les angles, la boiserie ne s'accorde plus. Le jubé s'étendait dans la nef postérieure, de manière à ne laisser qu'une allée assez étroite au-devant de l'autel de la Sainte-Vierge, alors fort simple, et sur l'emplacement duquel on a réuni, depuis, les vastes et brillantes décorations qui composaient le maître-autel de l'abbaye de la Trinité. Il n'est pas superflu de remarquer que les bonnes religieuses de ce monastère n'avaient point eu l'idée de faire peindre en pierre blanche les colonnes et les ornements en marbre noir de leur beau tabernacle, ainsi qu'on s'en est avisé plus tard.

Un ancien petit orgue établi dans le jubé attaquait seul de ses maigres accents les majestueux échos de la superbe basilique, jusqu'à ce qu'au moment où se préparait la révolution, le chapitre fit construire celui qui existe aujourd'hui. Je n'entrerai dans aucuns détails sur ce magnifique instrument; on en trouve partout, et j'en ai donné moi-même ailleurs. Je me bornerai ici à relever une erreur qui a été répétée fort souvent, et même imprimée. Ce n'est point, comme on le prétend quelquefois, au nommé Berton, qu'est due, à proprement parler, la menuiserie de l'orgue de la chaire de Saint-Pierre. Berton travaillait chez Favre, l'un des plus habiles maîtres de Poitiers, et comme il possédait un talent réel pour la sculpture, il fut chargé de cette partie de l'ouvrage dont Favre avait l'entreprise et la direction totale.

Les deux chapelles de Saint-Laurent et de Sainte-Madeleine, situées au bout de l'église, avaient été entièrement réédifiées quelque temps auparavant. On avait renouvelé les autels, les tabernacles et les statues, en conservant les anciens patrons. L'établissement si malheureusement bizarre des balustrades modernes qui couronnent, tout autour de l'église, les arcatures antiques, remonte un peu plus haut. Cette construction, ainsi que celle de la tribune de l'orgue, fut opérée avec des fonds qu'avait obtenus du roi M. de Saint-Aulaire, dernier des anciens évêques de Poitiers (1).

(1) Il a occupé ce siége depuis 1759 jusqu'en 1798, qu'il est mort émigré.

Outre les dépouilles des Jacobins, des Capucins et de la Trinité, la cathédrale s'enrichit encore, lors de la soi-disant organisation civile du clergé, de plusieurs objets consacrés au culte, appartenant aux édifices religieux supprimés. Tous les couvents disparurent; on ne conserva que six paroisses, les mêmes qui existent aujourd'hui. Bientôt arriva le règne de la terreur; les dernières églises furent fermées, et la cathédrale mise en vente pour être livrée à la démolition. L'embarras de savoir où placer les matériaux devint, dit-on, l'un des motifs qui empêchèrent l'accomplissement de cet acte de barbarie. Après les grands orages des jours sanguinaires, sous le directoire, un nombre considérable de gens du peuple voulut avoir la messe, et obtint non l'autorisation officielle, mais la faculté tacite d'ouvrir les églises de Saint-Pierre et de Notre-Dame, où des prêtres assermentés célébrèrent sans éclat le service divin. Cet exercice du culte, qui ne réunissait qu'une partie des catholiques, continua d'être toléré par le gouvernement consulaire jusqu'au moment où le concordat vint régler définitivement les affaires ecclésiastiques.

L'extérieur de l'église de Saint-Pierre a bien aussi éprouvé quelques changements. Une terrasse précédée de marches qui règnent sur toute sa longueur a remplacé l'antique parvis, clos de murailles en parapet, dans lequel s'élevait, vis-à-vis du grand portail, et entre deux escaliers, une sorte de chaire en pierre de taille. Les uns prétendaient qu'elle servait, du temps des pénitences publiques, pour prêcher les pécheurs repentants, qui, bien qu'admis à la réconciliation, ne pouvaient encore entrer dans l'église, et profiter des instructions générales. D'autres soutenaient qu'elle était destinée à recevoir les criminels condamnés à faire amende honorable, et que c'est là que le malheureux Jacques Cœur, trésorier de Charles VII, subit cette partie de sa peine. Une chaire du même genre se voyait dans le parvis de l'église de Sainte-Radégonde; mais à celle-là sont jointes des circonstances accessoires d'où naîtrait pour moi une troisième opinion sur les chaires ou tribunes dont il s'agit. Les rampes des deux escaliers qui accompagnent celle de Sainte-Radégonde, offrent des débris de sculptures, où apparaissent des pattes, des queues et même des portions de corps et de têtes applicables à des lions. Comme il existait autrefois certains droits ecclésiastiques qui s'exerçaient à la porte des églises, *inter leones*, la chaire du parvis n'aurait-elle pas été destinée aux actes de la juridiction particulière à laquelle ces animaux donnaient leur nom et servaient de symbole?

Il est à remarquer que les traces de lions de Sainte-Radégonde se trouvent en dedans du parvis, sur les rampes des escaliers *entre* lesquels était placée la chaire; et qu'en dehors, du côté de la rue, il y avait des anges tenant des écussons avec des armoiries.

Je n'ai fait ces observations que depuis assez peu de temps; il ne m'a donc pas été possible d'examiner si les rampes de Saint-Pierre, alors détruites, ne présentaient point quelques vestiges du même genre. Du reste, la position de la chaire et la distribution générale du parvis étaient absolument semblables. Il y avait bien aussi jadis devant la porte de Saint-Hilaire un parvis entouré de parapets, où l'on arrivait en descendant un peu; mais je ne me rappelle pas, de manière à pouvoir l'affirmer, si l'on y voyait une chaire.

La tour de gauche de Saint-Pierre en regardant la façade est telle que je l'ai toujours vue ; elle contient encore l'horloge et la sonnerie moyenne. Les petites cloches appelées *primes*, du nom de la première des heures canoniales pour lesquelles on les sonnait, occupaient au fond de l'église, à droite, une des tourelles en pierre qui flanquent le grand pignon. La tour de la façade, aussi à droite, était surmontée d'une enceinte octogone en charpente, recouverte par un dôme du même genre, que couronnait une campanille vide. Sous cette vaste calotte, et par conséquent à une grande hauteur, se trouvaient les deux bourdons, de manière qu'il y avait seulement entre eux et le vague de l'air extérieur l'épaisseur d'une toiture en ardoise.

Quoique la révolution n'en ait épargné qu'un, à la vérité c'est le plus gros, un préfet de l'empire se trouva étourdi par ces sons puissants qui n'avaient pas été destinés à frapper de si près des oreilles bureaucratiques. Espérant que la demande qu'il avait reçue d'une allocation de fonds pour faire au clocher des réparations déclarées très-urgentes, lui fournirait une occasion toute naturelle de se délivrer de son ennui, il chargea l'ingénieur en chef d'examiner si les travaux de conservation réclamés étaient bien réellement praticables. Celui-ci, influencé depuis longtemps d'avance par les doléances journalières de l'administrateur suprême, fit un savant rapport duquel il résultait mathématiquement que toute la construction en bois au-dessus de la tour menaçait ruine; qu'il fallait au plus vite la délivrer de l'ébranlement causé par le bourdon, et, pour éviter les frais énormes d'une réédification complète, colloquer cette lourde masse huit ou dix mètres plus bas, entre les gros murs. La considération que la tour, n'ayant à sa partie supérieure qu'une seule fenêtre ouverte dans un coin, et donnant sur le parvis, ou même plutôt sur la toiture de l'église, absorberait considérablement une sonorité importune, n'était pas exprimée : mais ce ne fut pas la plus incomprise, et un ouvrier reçut mandat de dresser son devis pour le changement d'étage de la cloche, ainsi que pour la destruction de la coupole qu'il devenait également inutile de restaurer et dangereux de laisser exister.

Le pauvre homme à qui l'on s'était adressé avait la candide naïveté de croire que la fin prédéterminée, ou, si on l'aime mieux, la *spécialité rationnelle* d'une grosse cloche, était de faire beaucoup de bruit, et d'étendre au loin ses battements ; de plus, en qualité de bon et franc Poitevin, il répugnait à l'idée d'emprisonner le majestueux moniteur, accoutumé séculairement à lancer avec pleine liberté dans l'espace ces vibrations retentissantes qui se répandaient à la fois sur tous les quartiers de la ville ; il pensait à la douce et mélancolique impression produite chaque jour, au coucher du soleil, par les trois simples coups longuement isolés du *séro*, nom mystérieux de l'Angelus du soir ; il n'oubliait pas davantage quelle vive et pieuse allégresse excitait dans les grandes circonstances, soit au lever de l'aurore, soit à midi, le redoublement des volées qui proclamaient les fêtes de la religion et de la patrie.

Montant donc au clocher avec l'espoir de n'être pas condamné au parti extrême qui le désole, il s'aperçoit d'abord en effet que quelques remplacements de pièces fatiguées et quelques consolidations peu difficiles préviendront pour le moment, et même pour un long avenir, toute espèce d'accidents et de sujets d'inquiétude. Enchanté de sa découverte, il se présente fièrement devant le préfet et l'ingénieur, et leur lit d'un ton victorieux la soumission par laquelle, au lieu d'un dérangement et d'une démolition d'assez grande dépense, il promet une conservation entière et un rétablissement total sans beaucoup de frais.

Le préfet fronce le sourcil, allonge les lèvres, et presse ses joues entre son pouce et ses quatre doigts, en laissant glisser sa main jusqu'au bas de son menton: l'ingénieur entreprend une controverse détaillée pour prouver à l'ouvrier qu'il a mal vu, et que la suppression du dôme en charpente est indispensable. Celui-ci, qui ne remarque pas certains clignotements d'œil indicatifs, soutient son dire contre l'accumulation de tous les mots les plus techniques, avec la simple énergie d'une profonde conviction. Le débat se prolonge, s'anime; le niais de la scène répète cent fois de suite qu'il connaît son métier, et que rien n'est plus aisé que de remédier au dommage. Alors l'ingénieur, poussé à bout, se penche à l'oreille du contradicteur indomptable, et lui glisse tout bas ces mots: M. le préfet ne le veut pas!.... Aussitôt la grimace piteuse passe subitement d'un visage à l'autre; le malencontreux conservateur sent à merveille que s'il ne renonce pas à une opposition inutile, quelque confrère plus accommodant lui enlèvera le bénéfice de l'entreprise qui l'afflige, mais qui lui offre un gain assuré; il cesse donc de résister, souscrit au plan qu'on lui impose, et le magnifique bourdon est bientôt enseveli dans un épais suaire de pierres de taille.

Pour faire croire à une résurrection plus ou moins prochaine, on a eu soin, en remplaçant la haute coupole par une pyramide écrasée, d'élever beaucoup les quatre clochetons des angles, et de les coiffer d'éteignoirs en plomb dont la pointe aiguë semble promettre qu'une flèche longuement effilée doit surgir en dominatrice au milieu d'eux, et s'élancer dans les airs à perte de regards. Mais Cologne a vu, pendant près de six siècles, des grues rester toutes dressées sur les tours de sa cathédrale, qu'enfin aujourd'hui l'on parle d'achever ; et Poitiers, qui n'a même pas en perspective une pareille apparence de garantie, pourrait bien attendre encore plus longtemps que l'on songe à terminer son clocher. Sans doute les générations nouvelles s'accoutumeront à ces accents étouffés de la voix d'airain que tant d'aïeux et de descendants successifs connurent autrefois si éclatante ; mais les vieux habitants de la vieille cité, auxquels de temps en temps leur belle cloche répète tristement et tout bas, du fond de sa gaîne, qu'elle n'est pas entièrement muette, sont presque tentés de se demander s'ils ne sont pas eux-mêmes devenus à moitié sourds.

Cet épisode que je donne comme appendice, et que je tiens de quelqu'un qui se prétendait parfaitement instruit, n'est peut-être pas encore tout à fait archéologique ; mais il ne saurait avoir une meilleure position pour le devenir, car le préfet, l'ingénieur, et même le narrateur, sont morts depuis bien des années. On aura soin de noter que le millésime de 1805 attaché à la croix en fer surmontée par le coq, ne se rapporte pas du tout à la démolition dont je parle, qui a eu lieu en 1811. C'est sans doute la date du placement de la croix sur l'ancienne coupole ; et soit par inadvertance, soit peut-être exprès, il n'y a été rien changé.

Malgré la mitoyenneté des murs de l'évêché et de la cathédrale, il n'existait point, comme dans beaucoup de diocèses, de communication intérieure de l'un à l'autre. Je n'apprendrai encore à personne, et je le dis seulement pour mémoire, que la petite tribune qui donne de l'étage supérieur de l'ancien palais épiscopal sur l'église, en condamnant à demi l'un des vitraux de la nef, fut l'œuvre très-récente d'un des derniers préfets. Le remplacement par une grille, de l'antique poterne d'entrée de l'évêché, et de la terrasse qui l'accompagnait, est auss une opération de date tout-à-fait moderne. La jolie chapelle de l'évêque a été divisée en deux étages, et consacrée aux archives départementales. L'officialité est devenue le lieu de réunion du conseil de préfecture. Les fragments de carte géographique peinte à l'huile sur toile, placés depuis peu à la porte de la bibliothèque publique, faisaient partie d'une carte générale du diocèse, composée de plusieurs pièces, et servant de tapisserie à l'une des antichambres du grand salon de réception de l'évêché. Ce tableau topographique était curieux par ses dimensions exorbitantes, mais fort peu exact sous le rapport des distances et de la position des lieux.

CHAPITRE DE SAINT-HILAIRE.

On trouve dans le bulletin de la Société des antiquaires de l'Ouest, pour le premier trimestre de l'année 1842, un article très-étendu contenant l'état descriptif de l'église de Saint-Hilaire à l'époque de la révolution. Il serait donc inutile de répéter ici aucun des détails d'architecture et de distribution publiés dans cette notice, dont je ne pourrais qu'attester la fidélité.

Mais comme elle ne dit qu'un mot en passant concernant les reliques du saint patron de la ville de Poitiers, j'ajouterai que la châsse qui les contenait, et qui est celle où l'on en conserve encore aujourd'hui quelques fragments, avait autrefois pour ornements des colonnes torses en cristal, avec des bases et des chapiteaux en vermeil. Les moulures et les baguettes étaient du même métal, ainsi que les statuettes des quatre évangélistes et leurs symboles qui faisaient partie de la décoration extérieure. Au-dessus du couvercle s'élevaient deux anges, aussi en vermeil, portant d'une main une palme, et soutenant de l'autre une couronne dans laquelle était placé un morceau du crâne de saint Hilaire. Quelqu'un qui, lors de la spoliation, a vu mettre dans la balance les différentes pièces en argent doré, m'a dit que le poids se montait à quinze livres, mesure de ce temps-là.

J'ai ouï raconter que la châsse de saint Hilaire avait été donnée par la duchesse Éléonore : on ajoutait même que les colonnettes de cristal, dont le travail était très-remarquable, lui avaient été offertes pour orner sa toilette, mais que la coquetterie en avait fait le sacrifice à la dévotion. S'il est vrai, comme de savantes dissertations tendent à le prouver, que les reliques du bienheureux prélat ont été transportées au Puy en Velay, vers l'année 900, par la crainte des Normands, et que c'est seulement en 1657 qu'il en a été rapporté une partie à Poitiers, la tradition relative à la duchesse Éléonore ne serait qu'une historiette.

L'orgue de St-Hilaire était vieux et mesquin. Comme le chapitre avait, sous le rapport de la richesse, beaucoup de supériorité sur celui de Saint-Pierre, avec lequel il se tenait en tout sur un pied de rivalité prononcée, il fut pris une résolution pour avoir un orgue encore plus beau que celui de la cathédrale : des marchés furent même, disait-on, conclus à cet égard ; mais la révolution ne laissa pas le temps de les exécuter.

On remarquait au milieu du chœur des différents chapitres de Poitiers, un pupitre en cuivre dont la partie destinée à recevoir les livres représentait un aigle, ainsi qu'il était d'usage dans toutes les grandes églises, et qu'on peut encore le voir dans celle de Notre-Dame, où l'ancien lutrin a été conservé. Saint-Hilaire l'emportait éminemment sur ce point, comme sur beaucoup d'autres. Son pupitre était composé de deux aigles énormes placés face à face sur un piédestal formé par de superbes lions (1).

Il existait jadis à St-Hilaire une école célèbre qui, d'après ce que dit Dreux-Duradier, « se distinguait par les savants qu'elle donnait à toute la France. » Gilbert de la Porée, évêque de Poitiers dans le douzième siècle, y avait été d'abord élève et ensuite professeur. Quoique cette école fût supprimée depuis bien longtemps, le

(1) Je demande pardon pour l'anachronisme d'une anecdote très-certaine, qui prouve que l'esprit du peuple en révolution est toujours semblable, quelque sentiment qui l'anime, et que les passions de 1790 auraient reproduit les mêmes effets en 1815, si on leur eût donné la même impulsion. Il y a encore dans le chœur de Saint-Porchaire une belle imitation en bois sculpté des pupitres en cuivre dont je viens de parler. Au moment de la restauration, plusieurs braves ouvriers, exaltés à l'extrême, voyant dans le simulacre de l'aigle un symbole impérial, voulaient absolument le brûler. On eut beaucoup de peine à leur faire comprendre que l'oiseau allégorique se rapportait, non à Napoléon, mais à l'évangéliste saint Jean, et il fallut, pour le conserver, lui placer sur la tête et sur les ailes des fleurs de lys dorées qui y sont restées jusqu'en 1830. Au surplus, afin de rentrer un peu dans mon cadre, je dirai que ce pupitre n'était pas autrefois celui de Saint-Porchaire, et qu'il provient sans doute des dépouilles de quelque autre église, que je crois pouvoir assurer n'avoir pas été l'une de celles de Poitiers.

titre d'*écolâtre* avait été conservé, et figurait toujours parmi les dignités du chapitre, à la tête duquel était le trésorier. Ce haut fonctionnaire, en même temps chancelier né de l'Université, portait le rochet au lieu du surplis, et officiait avec la mitre et les gants. Le doyen, qui venait après lui selon la hiérarchie, prenait aussi ces derniers insignes, quand il exerçait les fonctions de célébrant dans certaines fêtes qui lui étaient attribuées par le cérémonial. Du reste, il n'avait jamais que le surplis, de même que les autres chanoines.

On célébrait, le 26 juin de chaque année, la translation des reliques de saint Hilaire. Ce n'était pas, comme il serait permis de le croire, la commémoration du jour où quelques portions de ces vénérables restes avaient été transférées du Puy à Poitiers, vers le milieu du dix-septième siècle; mais celle de la découverte de la sépulture du saint prélat, et de l'élévation de son corps hors de terre, faite par saint Fridolin, au commencement du sixième. La veille de cette fête, ainsi que plusieurs autres l'ont rapporté avant moi, tout le corps de ville, accompagné de la milice bourgeoise, allait avec un grand appareil allumer une lanterne qu'on exposait au haut du clocher. J'ajouterai que d'heure en heure, à partir de l'Angélus du soir, et même pendant la nuit, on sonnait les cloches. Cette coutume, qui avait été interrompue depuis 1790, fut rétablie sous la restauration. Aujourd'hui c'est le sacristain qui place, pour ainsi dire incognito, un fanal dans le clocher; les cloches sont sonnées seulement jusqu'à dix heures. Encore quelques années, lui ou ses successeurs se fatigueront, et ce sera une page historique de plus tombée dans le fleuve d'oubli !

J'ai lu que cet usage était destiné à rappeler un miracle

opéré en faveur de Clovis, lorsqu'un globe de feu, parti du clocher de St-Hilaire, se dirigea vers la tente royale, et devint le présage de la victoire sur Alaric. Mais Thibaudeau prétend, et je me souviens d'avoir entendu soutenir par beaucoup de gens instruits, que l'explication suivante, dont j'ai fait mention ailleurs, doit être donnée à la cérémonie de la lanterne. Les papes ayant accordé à l'église de Saint-Hilaire, à l'occasion de la découverte des reliques de son patron, de nombreuses indulgences, une grande quantité de pèlerins accourait de tous côtés, et même de fort loin, à cette fête devenue un jour d'allégresse générale pour la ville de Poitiers. Comme on craignait que les étrangers, en voyageant la nuit pour assister à la première messe, qui avait lieu avant l'aurore, ne se détournassent des droits chemins, au milieu de tous ceux dont les abords des faubourgs étaient sillonnés, on indiquait à leurs yeux et à leurs oreilles la direction qu'il fallait suivre. Cette version est beaucoup plus naturelle et plus complète que l'autre, qui ne motive nullement ni le son des cloches pendant la nuit, ni le choix de la fête de la Translation pour rappeler le souvenir d'un miracle tout à fait étranger à la personne et aux reliques de saint Hilaire, objet spécial et unique de la solennité.

Le grand clocher qui, du reste, avait succédé à une tour primitive beaucoup plus considérable, était construit dans le même genre qu'aujourd'hui ; seulement la portion en charpente avait plus d'élévation. Il ne contenait que les cloches moyennes ; les bourdons occupaient une galerie attenante, mais placée sur le derrière, et les *primes* une petite flèche en bois et en ardoises, élevée sur le milieu de la nef, en avant de la grande entrée du chœur.

Plusieurs maisons des rues qui environnent et avoisinent l'église de Saint-Hilaire appartenaient au chapitre, et servaient à loger les chanoines. Il y en avait jusque dans la rue de la Tranchée. Le doyenné, aujourd'hui l'école normale primaire, est un des édifices les plus anciens de Poitiers. Il communiquait autrefois avec l'église par la psalette et d'autres bâtiments intérieurs, parmi lesquels se trouvaient des chapelles qui ne servaient plus que de passage.

Les chanoines étaient enterrés dans les cloîtres. C'était le sacristain qui avait la charge d'ensevelir leurs corps, et le lit du défunt lui appartenait.

CHAPITRE DE SAINTE-RADÉGONDE.

Les clochers n'ont subi aucun changement : toutes les grosses cloches occupaient la tour d'entrée, et les *primes*, la flèche du milieu.

L'autel orné de la statue de la sainte, qui a été conservé au milieu des stalles du chœur actuel, était le maître-autel du chapitre, dont le premier dignitaire avait le titre de prieur. Tout l'emplacement qui compose ce chœur de récente destination formait le sanctuaire. Je suis bien trompé si les stalles et le pupitre qu'on y a placés ne viennent pas originairement des Cordeliers ; cependant je n'affirme rien à cet égard. Le chœur des chanoines se trouvait isolé au milieu de l'église : une enceinte composée de murailles assez élevées, et garnie en dedans de boiseries et de stalles, le renfermait. Il était terminé, du côté de la nef, par un jubé. Les allées qui régnaient entre la clôture du chœur et la muraille de l'église ne méritaient, vu leur peu de largeur, que le nom de simples couloirs. On en voit encore les traces sur le pavé.

L'autel de la paroisse attachée au chapitre était celui qui est à présent consacré à la sainte Vierge. Vis-à-vis de cet autel, et sous la petite voûte qui supporte le véritable sanctuaire, on voit une ouverture ronde pratiquée dans le pavé, justement au-dessus du tombeau de sainte Radégonde. Une balustrade en fer à hauteur d'appui entourait cette ouverture, et elle était surmontée d'une vaste couronne royale, au centre de laquelle une lampe restait continuellement allumée.

Au devant du maître autel, trois lampes d'argent descendaient de la voûte. La plus grande avait été donnée par la reine Anne d'Autriche, lors de la maladie de Louis XIV à Calais. Ce monarque voua lui-même plus tard son premier dauphin à sainte Radégonde. Il envoya, à cette occasion, un poupon de vermeil, de grandeur naturelle, qui fut placé dans une niche grillée, pratiquée au premier pilastre à droite du sanctuaire. De l'autre côté était exposé un tableau qui représentait une princesse de Conti offrant à la sainte son enfant nouveau-né. Je n'ai sans doute pas besoin de dire que le tableau, et surtout les lampes, ainsi que le poupon d'argent, n'échappèrent pas aux redresseurs d'abus féodaux et superstitieux de 1790. Il faut leur rendre en même temps la justice d'ajouter qu'ils ont laissé l'inscription intacte.

La rue maintenant appelée de Sainte-Radégonde portait encore il y a peu d'années le nom de *Pousse-Penil*. Cette désignation, qu'on retrouve dans presque toutes les villes, indiquait le quartier exceptionnel d'un genre de maisons alors assez rares, surtout à Poitiers; mais elles se sont tellement multipliées depuis, que l'exception a presque passé du côté où il n'en existe pas.

CHAPITRE DE NOTRE-DAME.

Le clocher contenait toutes les cloches grosses et petites. L'ancienne grande sonnerie était assez belle. Celle d'aujourd'hui a été fondue sous la restauration. L'horloge encore actuellement existante fut construite par voie de souscription, pour remplacer autant que possible la Grosse horloge. Avant la révolution, le marteau frappait, comme maintenant, sur la plus forte des cloches.

Il n'a guère été fait dans l'église d'autre changement notable que la suppression de la clôture de murailles qui, de même qu'à Sainte-Radégonde, entourait le chœur précédé par un jubé. Au-dessus de la grande porte se trouvait un vieil orgue délabré. L'autel de la paroisse occupait la chapelle du fond, au centre, soumise assez récemment, ainsi que plusieurs autres, à de prétendus embellissements qui forment une disparate complète avec l'ensemble général de l'édifice.

On a souvent, et peut-être quelquefois un peu amèrement, reproché aux restaurateurs modernes de l'église de Notre-Dame, d'avoir enlevé une portion arrondie, sur le devant des piliers, *afin de gagner de la place pour loger des chaises*. J'ignore complètement par qui les réparations ont été dirigées, lors du rétablissement du culte ; mais je crois devoir, dans l'intérêt de la justice et de la vérité, emprunter à mes *vieux souvenirs* une observation sur l'acte que le blâme a si peu épargné.

Il y a depuis le dessous du clocher jusqu'à l'allée qui précède l'escalier de la grande porte, huit rangées de piliers. Le chœur des chanoines occupait sur la longueur totale, en y comprenant le jubé, environ trois intervalles et demi. Comme la grande nef est fort étroite, et fournissait très-peu de place pour la quadruple rangée de stalles et l'espace nécessaire entre elles, on avait dès le principe, en posant les dossiers élevés de celles de l'étage supérieur, supprimé toute la partie antérieure arrondie des piliers, ce qui donnait un pied de chaque côté. Les boiseries et l'enceinte du chœur ayant disparu à la révolution, il s'est trouvé, quand on a voulu restaurer l'église sans rétablir tout ce qui existait autrefois, que les blessures jadis cachées ont paru au grand jour, et qu'au moins la moitié des piliers étaient tronqués. Placés alors entre l'alternative de les restaurer ou de réduire les autres de la même manière, pour établir un ensemble uniforme, les réparateurs ne peuvent mériter que le reproche d'avoir pris le second parti; mais l'idée mère ne leur appartient point, et n'a pas surtout été inspirée par le motif que l'on suppose.

Le grand autel de marbre est une portion de celui des Bénédictins, et le tabernacle appartenait à la chapelle des Carmélites. La chaire est celle de l'ancienne église du couvent des Filles-de-Notre-Dame.

C'est la révolution qui a détruit la statue de Constantin, placée dans une niche extérieure, près de la porte latérale. La colonne surmontée d'une croix, qu'on voyait jadis sur la place du Marché, devant la tour de la Grosse horloge, a été mise dans l'église, à gauche de la grande porte, lors de la démolition de cette tour.

La niche de la chapelle à droite, dans laquelle on a transporté une sépulture de Jésus-Christ, enlevée de l'église de la Trinité, contenait un riche tombeau. Thibaudeau dit que c'était celui d'un membre de la famille du Fou, sénéchal du Poitou.

L'ancien cloître appartient maintenant à une maison

particulière, et la salle du chapitre est devenue le magasin d'un artisan. L'hôtel du premier dignitaire qui portait le titre d'abbé, était situé dans le bas de la Grand'-Rue, près du détour de la rue Queue-de-Vache. On voit encore au commencement de cette dernière, dans un enfoncement, de construction assez soignée, la grande porte de l'hôtel dont il s'agit, qui est surmontée d'un écusson armorié, très-bien conservé.

CHAPITRE DE SAINT-PIERRE-LE-PUELLIER.

L'église a été totalement détruite. Elle était placée vis-à-vis de la rue de la Trinité, et l'entrée mesquine n'était point ornée d'un portail, ni d'un parvis; il n'y avait au devant qu'un petit hangar en bois. L'édifice n'était ni beau, ni vaste; mais on y admirait un cul-de-lampe d'une hardiesse extraordinairement remarquable, qui descendait très-bas, et se composait de la réunion des arêtes d'une bonne partie de la voûte. Cette construction avait paru tellement téméraire, que, dans les derniers temps, on s'était cru obligé de bâtir au-dessous un arceau pour la supporter. L'ouvrier qui a été chargé de la démolition m'a assuré que les alarmes qu'on avait conçues étaient tout à fait dénuées de fondement, et que, d'après la coupe des pierres, qu'il avait soigneusement examinée dans tous ses détails, il devenait impossible de rien imaginer de plus solide et de plus à l'épreuve de toute espèce d'accident.

Le chapitre de Saint-Pierre-le-Puellier offrait la composition anomalique d'une petite association républicaine, qui réunissait une quinzaine de chanoines sans aucuns dignitaires. Il régnait depuis plusieurs siècles, entre eux et l'abbaye de la Trinité, relativement à la nomination et à l'investiture des prébendes, des contestations dans lesquelles était intervenu le parlement de Paris, et qui ne paraissaient pas encore définitivement réglées au moment de la révolution.

On avait donné au chapitre de Saint-Pierre-le-Puellier (appelé par le peuple Saint-Pierre-Piller) la dénomination burlesque de chanoines de l'*Ouillette*, nom vulgaire poitevin d'un entonnoir. Comme la plus grande partie des revenus canoniaux était en vignobles, il se peut que cette considération fût entrée pour quelque chose dans le choix de la qualification, qui avait aussi une autre origine plus certaine et plus frappante. Le clocher, masse très-peu élevée et presque informe de charpente garnie d'ardoises, se terminait par une couverture ronde et conique, où l'on retrouvait entièrement la figure d'une *ouillette* renversée. De là le sobriquet populaire. Au surplus, les cinq chapitres de Poitiers étaient désignés de la manière suivante dans les joviaux lardons des facétieux de la classe inférieure : Saint-Pierre, *les Glorieux*; Saint-Hilaire, *les Riches*; Sainte-Radégonde, *les Chicaneurs*; Notre-Dame, *les Gueux*; Saint-Pierre-Piller, *les Ivrognes*.

PAROISSES.

Beaucoup des églises paroissiales de Poitiers n'avaient point de tour en pierre, mais des clochers en bois de différentes formes, placés au-dessus de la charpente. Ils n'offraient rien de remarquable, et il en était de même d'un grand nombre des tours.

SAINT AUSTRÉGISILE, appelé plus souvent par le peuple saint Oustrille, donnait son nom à une petite chapelle située à gauche, en entrant, dans la première cour de l'abbaye de Sainte-Croix, tout près de la grande porte, sous la clôture de laquelle elle se trouvait pendant la nuit. Cette paroisse, plutôt de nom que de véritable effet, a été détruite avec l'abbaye ; elle ne comptait que 80 communiants (1). Je suis persuadé que, dans le principe, il n'y avait pour paroissiens que les domestiques et les familiers du monastère. L'abbesse avait conservé le droit de nomination à la place de curé.

Saint-Cybard existe encore au coin de la rue qui porte son nom. Après avoir servi longtemps de magasin à fourrage, il est devenu une école de gymnastique. Son clocher était une tour carrée, peu élevée et sans ornementation. Les communiants étaient au nombre de 500. Quelques années avant la révolution, un curé de cette paroisse fut assassiné le soir chez lui, par l'amant de sa servante, qui s'était tenu d'abord caché pendant trois jours dans la cave. La maison passa ensuite pour être hantée par les esprits.

Mais ceux-là n'acquirent pas autant de célébrité qu'un autre qui parut à peu près à la même époque. Tout d'un coup le bruit commença à se répandre qu'il *revenait* (expression consacrée) dans une maison de la rue du Petit-Séminaire. Chaque soir aucune personne venant en visite ne faisait le trajet de la porte d'entrée au salon des maîtres, sans que, soit dans les corridors, soit dans l'escalier, il ne lui tombât sur le dos de l'eau, un coup, un soulier ou autre objet quelconque. Bientôt la rumeur devint générale ; on ne parlait plus dans toute la ville

(1) J'ai pris ce chiffre et ceux qui concernent chacune des autres paroisses, dans les anciens almanachs du Poitou. On sent bien que si ma mémoire a pu rester frappée de la situation des édifices et de quelques détails qui les concernent, elle n'a rien à me fournir sur des calculs purement statistiques dont je ne m'étais jamais occupé.

que du revenant et de ses espiègleries, dont chacun voulut faire l'épreuve. Des militaires, des magistrats et des ecclésiastiques, en un mot les hommes que tout le monde croyait, et qui se croyaient eux-mêmes, le plus à l'abri d'être dupes d'un enfantillage ou d'une jonglerie, se présentèrent successivement, et furent traités de la même manière, sans pouvoir rien découvrir. La police à son tour intervint, et ne fut pas plus heureuse. Ou l'esprit se tenait en repos, ou il savait échapper aux recherches et à la surveillance. Le prodige dura plusieurs mois, puis il cessa subitement, sans qu'on eût trouvé d'explication naturelle. Longtemps après on prétendit savoir que c'était une jeune femme de chambre et un domestique, son galant, qui avaient réuni leur adresse et les ressources de leur imagination pour jouer cette comédie d'intrigue, dont le succès, véritablement inconcevable, fut aussi complet que possible. La chose avait été prise tellement au sérieux, que l'on alla jusqu'à parler assez généralement de messes dites à différentes églises, et même d'exorcismes faits dans la maison.

SAINT-DIDIER. Cette église, dont l'entrée se trouvait en face du café actuel du Palais, n'a été démolie que depuis quelques années. Son architecture, ainsi que celle du clocher en pierre, couvert d'un toit pointu en ardoises, n'offrait rien qui fixât l'attention. Les jours de fête solennelle, on tendait autour du sanctuaire et du chœur une tapisserie en plusieurs morceaux, représentant différents traits de la vie de saint Didier, et ornée, dans la bordure, des armoiries du chapitre de la ville de Langres, dont ce saint prélat a été évêque. Les chanoines de la cathédrale champenoise en avaient fait cadeau à l'église paroissiale poitevine. On la voit aujourd'hui, couverte de taches et criblée de déchirures, servir de tapis de pied, de garniture d'escaliers et d'échafaudages dans toutes les réunions publiques de quelque genre que ce soit. Ces débris, si tristement détournés de leur destination primitive, font partie du mobilier municipal.

La paroisse de Saint-Didier comptait 1,800 communiants, et c'était, sous ce rapport, une des premières de la ville. Son curé fut nommé, par élection populaire, membre de la municipalité de 1789. Il jouissait même d'une grande influence dans ce corps qu'il présida souvent, et où il exerça par conséquent les fonctions de maire, en l'absence du titulaire véritable.

SAINT-ETIENNE. L'église sous l'invocation de ce saint formait le coin de la rue et de l'impasse qui portent encore son nom. Ce petit édifice passait pour peu solide, et il était question de l'interdire. L'hôtel de la Rose, où descendit Jeanne d'Arc lorsqu'elle vint à Poitiers, était situé dans la rue de Saint-Etienne, et la tradition populaire indiquait encore une borne dont la fameuse Pucelle s'était servie comme de marchepied pour monter à cheval, lors de son départ. Cette pierre fut brisée par des ouvriers paveurs, il y a seulement une vingtaine d'années, et il s'en trouve des fragments au musée des antiquaires de l'Ouest.

J'ai lu dans des livres différents, également destinés à servir d'indicateurs à la génération existante et à la postérité, que l'hôtel de la Rose était situé, d'une part au coin de la rue des Trois-Cheminées, et de l'autre au coin de la rue du Petit-Maure, ce qui ne fait d'autre différence que de la droite à la gauche. L'accommodement entre les deux versions devient donc assez difficile;

on ne peut en effet appliquer ici l'axiome qui place toujours la vérité juste entre les deux extrêmes, car alors l'auberge en question se trouverait avoir occupé le beau milieu de la rue de St-Etienne. J'ai n'ai, pour mon compte, aucun renseignement direct à fournir sur l'hôtel de la Rose.

Saint-Germain. On voit encore tout entière, dans la rue des Buissons, cette église sombre et irrégulière, qui sert de magasin particulier. Le cimetière dont elle était entourée est devenu un jardin. Son clocher, en forme de tour carrée, était jadis, comme aujourd'hui, couvert d'une toiture plate. La paroisse de Saint-Germain, qui réunissait 1,800 communiants, possédait, de même que celle de Saint-Porchaire, une école primaire gratuite de garçons. Ces classes, appelées *petites écoles*, étaient tenues par de jeunes ecclésiastiques qui faisaient là leur temps de séminaire.

Saint-Hilaire-de-la-Celle. Au bas de la rue de la Celle était une abbaye de chanoines réguliers de Sainte-Geneviève, à laquelle se trouvait annexée une paroisse dont le prieur du monastère portait le titre et remplissait les fonctions de curé. L'église avait la forme d'une croix, et l'autel de la paroisse occupait le milieu de la nef, au-dessous des transsepts; mais, quelques années avant la révolution, cette nef fut interdite et murée, à cause de son état menaçant de dégradation, de sorte qu'il n'y eut plus qu'un office et qu'un autel. Le nombre des communiants s'élevait à 1,200. La procession de la Fête-Dieu était, à la Celle, une des plus brillantes de Poitiers. Le pensionnat du collége y assistait en uniforme, et les élèves décorés des premières croix portaient le drapeau de chaque classe.

Saint-Hilaire-entre-les-Églises tenait ce nom de

sa position entre l'église de Saint-Jean et la cathédrale, à la gauche de laquelle on le trouvait, en sortant par la première porte de côté qui avoisine la chapelle actuelle de la paroisse. C'était un véritable oratoire, qui n'avait aucune apparence au dehors, et dont la forme et les dimensions intérieures le faisaient ressembler plus à une salle qu'à une église. La porte bâtarde moderne surmontée d'un fragment de sculpture ancienne, qui servait d'entrée, est devenue, sans aucune disparate, celle de la maison particulière construite, ou plutôt arrangée, sur l'emplacement du bâtiment religieux. Le nombre des communiants était porté seulement à 50, et je doute qu'on eût pu les réaliser.

SAINT-JEAN, édifice d'une haute antiquité, servant aujourd'hui de musée. Son titre le mettait seul au nombre des paroisses. Bien qu'il y eût un curé, l'office divin n'y était célébré que le jour de la Saint-Jean, et la porte demeurait constamment fermée tout le reste de l'année. Le nombre prétendu des communiants se montait à 25.

SAINT-MICHEL. L'église ainsi appelée, et le cimetière qu'on traversait pour y arriver, occupaient la terrasse sur laquelle est maintenant bâtie à neuf une maison particulière au coin de la Grand'Rue et de celle des Filles-de-Saint-François, en allant à la porte du Pont-Joubert. Il paraît, d'après D. Fonteneau, que très-anciennement cet édifice avait deux étages, dont le supérieur était dédié à saint Georges, et l'inférieur à saint Michel. Plus tard, l'église du haut tombant en ruines, on la démolit pour ne conserver que celle du bas, qui formait, à l'époque de la révolution, une des paroisses les plus populeuses de la ville, puisqu'elle ne comptait pas moins de 1,800 communiants. Elle ne doit pas être confondue avec une petite paroisse de Saint-Michel dont les livres font mention, et qui existait, il y a plusieurs siècles, dans le cimetière qu'a remplacé devant l'église de Saint-Hilaire la place plantée de tilleuls. Ce dernier Saint-Michel, qui dépendait du chapitre, avait été supprimé par lui en 1315 (1).

Montierneuf. A l'abbaye de ce nom était attachée une paroisse dont le service se faisait à l'autel placé aujourd'hui sous l'invocation de la Ste Vierge. Le curé, prêtre séculier, avait dans sa juridiction 1,300 communiants.

Notre-Dame-l'Ancienne subsiste encore intégralement, place Saint-Pierre-le-Puellier, dans un enfoncement après la rue des Egouts et un petit cul-de-sac qui conduit à des maisons particulières. Cette église, qu'il faut avoir connue pour la retrouver, est devenue de fait ce à quoi elle avait toujours complétement ressemblé, une grange. On rencontrait peu de paroisses de campagne aussi misérables et aussi dénuées non-seulement de décorations intérieures, mais même de simples constructions de décence, que ce petit bâtiment, qui n'avait ni voûtes, ni lambris, ni plafond, et dont le toit ne s'élevait pas au-dessus de celui des habitations voisines. Du reste il ne réunissait qu'une soixantaine de communiants. Il n'y avait de clocher d'aucune espèce, et la cloche était suspendue dans une lucarne. C'est seulement depuis peu de temps que l'ancienne entrée, porte bâtarde surmontée d'une très-petite niche contenant la statue de la Ste Vierge, a été remplacée par une porte de remise. Le dernier curé de cette paroisse, après avoir été premier

(1) La cathédrale de Trèves se compose de trois vastes églises voûtées, placées les unes au-dessus des autres. De distance en distance, des ouvertures entourées de balustrades établissent pour l'œil une communication entre les trois étages.

vicaire général de l'évêque constitutionnel, et avoir exercé les fonctions de curé intrus de la cathédrale, est devenu l'un des plus fougueux et des plus célèbres révolutionnaires du pays.

Notre-Dame-de-la-Chandelière, petit édifice qui bordait par son extrémité la rue des Hautes-Treilles, en face de celle de la Traverse, sur laquelle il avançait beaucoup. On avait à suivre une sorte d'allée de la longueur de l'église, pour parvenir à la porte d'entrée, qui ouvrait sur le cimetière, tout-à-fait à l'opposite de l'arrivée. Le clocher était une de ces doubles arcades en pierre de taille qui supportent les cloches au-dessus de beaucoup d'églises de village. On en voit un pareil sur le temple Saint-Jean : cette construction s'appelle communément en Poitou un *campanier*. Notre-Dame-de-la-Chandelière, désignée d'habitude par la dernière partie de ce nom, était une paroisse de 400 communiants, placée, comme celles de Saint-Pierre-l'Hospitalier et de Sainte-Triaise, dans la dépendance absolue du chapitre de St-Hilaire, tout à fait en dehors de la juridiction épiscopale. Ces églises n'avaient point de fonts baptismaux, et tous les enfants qui naissaient sur leur territoire étaient baptisés à la collégiale par un des hebdomadiers spécialement chargé de cette fonction. Les vêpres ne devaient pas non plus y être chantées, et le service divin autorisé se bornait à la messe et à l'administration des sacrements de Pénitence et d'Eucharistie : mais l'abbé Lecesve, dernier curé de Ste-Triaise, et ensuite évêque constitutionnel du département de la Vienne, s'était mis sur ce point en révolte contre sa métropole ; il célébrait dans son église tous les offices, malgré les défenses qui lui avaient été plusieurs fois répétées.

Notre-Dame-la-Grande. L'autel de cette paroisse, dont l'office se faisait dans l'église du chapitre, était celui de la chapelle du fond, derrière le grand autel. Il y avait 250 communiants.

Notre-Dame-la-Petite occupait l'emplacement de la boucherie actuelle. Le nombre des communiants était de 500. Cette église, fort laide, avait deux nefs contiguës, comme celle de Saint-Porchaire.

Sainte-Opportune. La porte d'entrée du cimetière qui y conduisait, s'ouvrait au coin de la rue du même nom, vis-à-vis de la rue des Gaillards. Elle subsiste encore en grande partie dans l'intérieur d'une maison bourgeoise bâtie en avant. On y comptait 300 communiants.

Saint-Paul, très-petit édifice placé dans un carrefour, à droite en descendant à la cathédrale, en face de la rue Montgautier. C'est à présent une grange. Il y avait 500 communiants.

Saint-Pierre-l'Hospitalier, appelé par le peuple Saint-Pierre-*l'Houstau*, et l'une des paroisses dépendantes du chapitre de Saint-Hilaire, sert aujourd'hui de local à une école de frères. Le nombre des communiants était de 300. Le quartier dans lequel se trouve cette église m'engage à rappeler, en passant, un léger souvenir révolutionnaire : celui-là du moins ne fera pas verser de larmes. Le bout de rue qui conduit du coin de celle de Saint-Hilaire à Saint-Pierre-l'Hospitalier, bordé, à cette époque, seulement de murs de jardin, avait en face, à l'extrémité, la maison du trésorier de Saint-Hilaire qu'occupait à loyer le vieux président de C.... Lorsque la manie de changer les anciennes dénominations se mêla à tant d'autres folies, on posa à l'angle de la ruelle dont je parle un écriteau portant l'ambitieuse qualification de rue de Buffon. Une bonne femme passant par là, et remarquant cette indication, qu'ainsi que de raison elle ne comprenait guère, s'écria tout indignée : Voyez donc ! pour insulter ce vieux brave homme, ils ont appelé sa rue la rue des Bouffons !

SAINT-PORCHAIRE, paroisse de 2,000 communiants, et alors la plus considérable de la ville. Le prieuré de cette église, dépendant primitivement de l'abbaye de Bourgueil, avait été réuni au petit séminaire de Poitiers. Le clergé de cet établissement venait tous les ans faire l'office de la fête patronale et la procession de l'Octave de la Fête-Dieu.

L'autel de marbre provient des Bénédictins; le tabernacle et la chaire, de quelque autre église que je ne puis indiquer. Le siége du célébrant et de ses assistants pendant certaines parties de la messe, appartenait à la paroisse de Saint-Didier, et la statue de la Sainte-Vierge placée dans la chapelle à gauche en entrant, au chapitre de Saint-Hilaire.

Une grande et belle châsse en argent, contenant des reliques de saint Porchaire, était exposée dans une vaste niche à la droite du grand autel. A la première chapelle, au bas de la seconde nef, à droite de la porte, se trouvait attachée une fondation faite pour avoir tous les dimanches et fêtes une messe à onze heures. Un prêtre spécial, investi de ce bénéfice, faisait partie du clergé de la paroisse. La messe de onze heures, la dernière de celles qui se disaient à Poitiers dans ce temps-là, lorsqu'il n'y avait pas de messe militaire, appelée vulgairement *messe de musique*, portait le nom de *messe des paresseux*.

Le cimetière remplissait l'emplacement des maisons bâties maintenant depuis l'église jusqu'à l'alignement de la petite place triangulaire où s'élevait une croix en pierre. Sous le porche, à main droite, était une porte bâtarde qu'on appelait *des morts*, par laquelle sortaient les cercueils qu'on allait enterrer. Une autre petite porte placée entre celle de la sacristie et le banc de l'œuvre, adossé alors à cette partie de la muraille, conduisait aussi dans le cimetière, que les membres du clergé et quelques personnes traversaient pour arriver à l'église, sans avoir à se glisser au milieu de la foule.

Devant une maison située presque en face de l'église de Saint-Porchaire, une grande pierre plate recouvrait l'ouverture d'un égout, dans lequel venaient se réunir les ruisseaux de la rue. Les piétons passaient sur cette sorte de petit pont, à peine long de deux enjambées. On racontait de mon temps qu'un étudiant, dont les parents s'étaient lassés de payer les dettes qu'il ne se lassait point de faire, voyant ses demandes les plus éloquentes repoussées par des refus impitoyables, écrivit un jour à sa mère une lettre de désespoir délirant : Si mes dernières supplications demeurent encore sans effet, disait-il en terminant sa péroraison, si le prochain courrier ne m'apporte pas de quoi satisfaire aux plus rigoureux engagements d'honneur, il ne me sera plus possible de me montrer, et même de vivre. L'unique ressource que me laissera une famille inexorable, à laquelle je fais dès aujourd'hui mes adieux de mort, sera de me précipiter du haut du pont de Saint-Porchaire…. En recevant une annonce semblable, la bonne maman fut transportée d'alarmes d'autant plus cruelles que l'indication si précise d'un lieu de catastrophe, sans doute non moins connu et non moins terrible que le saut de Leucade ou la roche Tarpéienne, semblait rendre la menace encore plus affreuse et plus positive. Elle expédia donc, sans perdre une minute, la rançon nécessaire pour racheter la précieuse vie de son Benjamin chéri. Puis un peu plus tard, elle apprit que l'épouvantable abîme dont elle avait eu si grand'peur, pouvait bien être profond d'environ une coudée dans le plus creux de son gouffre (1).

M. Demarconnay, curé de Saint-Porchaire pendant au moins quarante ans, habitait une maison de son patrimoine, attenant au jeu de paume de la rue des Basses-Treilles, à peu de distance de celle de la Visitation, et du même côté. Sur une pierre plate comprise dans la décoration d'une porte condamnée qui avait apparemment jadis servi d'entrée, on lisait ces mots gravés en majuscules romaines : LEZ HÔTELZ DEZ DEMARCONNAY. Il y avait à la suite une date en chiffres arabes, de forme ancienne, ainsi que les lettres de l'inscription. Je ne me rappelle pas le millésime.

SAINTE-RADÉGONDE. Le service divin de cette paroisse avait lieu dans l'église du chapitre, à l'autel devenu celui de la Sainte-Vierge. Le nombre des communiants était de 1,500.

LA RÉSURRECTION. Petite église insignifiante dans la rue de la Trinité, tout près de l'abbaye. Elle n'existe plus; il y avait 400 communiants.

SAINT-SATURNIN, que l'on appelait communément St-Sornin. Cette paroisse, contenant 500 communiants, était bâtie dans le haut du faubourg du Pont-Neuf, à gauche en suivant la grande route. C'était un petit édifice très-mesquin, dont il reste encore une portion qui est confondue dans une habitation particulière.

(1) L'égout de Saint-Porchaire subsiste toujours, et le pont a été supprimé.

Saint-Savin, situé dans la rue du même nom, est à présent un magasin. Il y avait 500 communiants.

Saint-Simplicien, appelé par le peuple Saint-Spicien, petite église, occupant, dans la rue et sur le plan qui porte encore son nom, l'emplacement où a été bâtie une maison léguée aux hospices par son propriétaire, et consacrée à une école de filles, que tiennent les sœurs grises des Incurables. A cette paroisse, qui n'avait que 250 communiants, se rattachait une cérémonie à laquelle le peuple, et surtout celui de la campagne, mettait un grand intérêt. La tradition racontait que saint Simplicien avait été décapité dans un pré voisin du pont Saint-Cyprien, et on montrait sur le côté gauche de ce pont, en sortant de la ville, le trou fait, disait-on, par la chute de sa tête. En conséquence, le jour de la fête patronale, avait lieu une procession à l'endroit consacré par la mort du saint martyr, et un grand nombre d'habitants non-seulement des bas quartiers de la ville, mais même du pays environnant, venaient *mettre la tête au trou*, suivant l'expression généralement reçue, c'est-à-dire toucher du front le sol de l'excavation réputée miraculeuse, pour être délivrés ou préservés de la migraine et autres maladies du même genre. Cette pratique de dévotion occasionnait souvent des accidents burlesques, et même des facéties contraires à la décence, lorsque des femmes, surtout des paysannes, et c'était le plus grand nombre, prenaient la posture commandée par l'objet du pèlerinage: aussi, quelques années avant la révolution, une ordonnance de l'évêque de Poitiers vint-elle supprimer la coutume qui avait fini par être plutôt un sujet de scandale qu'un exercice de piété. Il paraîtrait qu'on a trouvé, même depuis peu de temps, en remuant la terre dans l'endroit où était le trou de Saint-Simplicien, un assez bon nombre de pièces d'un sou et de deux liards que les suppliants y jetaient comme offrande, en faisant ce qu'on nommait leur *voyage*, mot spécialement employé en Poitou pour tous les actes de dévotion que l'on va pratiquer dans des lieux, même peu éloignés, où existe quelque objet d'une invocation extraordinaire.

Sainte-Triaise, paroisse de la juridiction du chapitre de Saint-Hilaire. Elle était située dans la rue qui en a conservé le nom, et comptait 800 communiants. Le terrain qu'elle occupait, ainsi que le cimetière adjacent, forment un jardin dépendant d'une maison bourgeoise.

Il résulte de cet exposé, que 21 paroisses de Poitiers avaient des édifices particuliers ; qu'un seul est encore consacré au culte ; que dix ont été démolis entièrement ; que deux ne subsistent plus qu'en partie ; que huit sont employés à d'autres usages.

Le clergé des paroisses considérables, et surtout de celles qui se trouvaient dans les quartiers du centre de la ville, était nombreux et brillant. Il se composait de la plupart des étudiants en théologie, soit aux Jacobins, soit au collège, et de beaucoup des élèves de philosophie de ce dernier établissement. Une grande partie de ces jeunes gens portait la soutane : plusieurs parce qu'ils se destinaient réellement au sacerdoce, et quelques autres, peu fortunés, parce que l'habit ecclésiastique leur offrait un supplément de ressources. Outre les petites rétributions que les habitués des paroisses retiraient de la garde des morts, des enterrements et des services, il n'y avait guère de maisons un peu aisées où un jeune abbé ne fût placé comme précepteur, chargé, moyennant sa pension franche et quelques légers honoraires, de donner l'instruction élémentaire aux enfants les moins âgés, de répéter ceux qui allaient au collége comme externes, de surveiller habituellement et de conduire les uns et les autres à l'église et à la promenade. Ils couchaient pour la plupart dans la même chambre que leurs élèves. Les familles riches prenaient pour cet emploi des prêtres, beaucoup plus chèrement rétribués.

Quoiqu'il y eût dans les paroisses bien plus de moyens de donner de l'éclat aux cérémonies, on y mettait moins d'apparat qu'aujourd'hui. D'abord, il n'existait nulle part à Poitiers, même à la cathédrale, ni suisses ni bedeaux. On voyait dans chaque chapitre, assis à l'entrée du chœur, pendant tous les offices, des hommes vêtus de leur costume ordinaire, qui prenaient pour marcher devant le célébrant et ses assistants, lorsqu'il se rendait à l'autel, des manteaux traînants mi-partis de drap rouge et bleu, sur les larges manches desquels était brodé en or un écusson contenant deux clefs en sautoir et surmonté d'une tiare. Pendant les moments de repos, et lorsqu'ils accompagnaient le chapitre aux processions ordinaires, soit dans l'église, soit dans les rues, ces hommes, appelés *sergents de chœur*, portaient sur le bras leur manteau plié de manière à ce que l'un des écussons brodés sur les manches fût en pleine vue. Il est à remarquer que les sergents de Saint-Pierre et des autres chapitres montraient la manche bleue, et que ceux de Saint-Hilaire, dont le corps canonial voulait établir partout une ligne de démarcation, mettaient en parade la manche rouge où l'on voyait les armes du roi.

Les bâtons de chantre, toujours portés par de hauts dignitaires spéciaux, et seulement pour les principales fêtes, les maîtres de cérémonies armés de masses dorées ou argentées, les serpents et les enfants de chœur, n'étaient employés que dans les chapitres. Il résultait de ce surcroît de pompes religieuses réservé aux grandes églises, où le choix des hommes qu'on voyait figurer au premier rang et l'excellente tenue des subalternes donnaient toujours aux cérémonies la dignité convenable, une majesté imposante dans l'exercice du culte. On a voulu depuis rendre général pour toutes les paroisses, où le chœur n'est plus composé que d'un très-petit nombre de véritables ecclésiastiques, un appareil autrefois attribué exceptionnellement aux réunions solennelles d'un clergé de premier ordre : mais il y a, dans tous les genres, des choses graves du passé qui ne sauraient être convenablement ressuscitées avec les hommes d'emprunt, avec les ressources postiches d'à présent, et dont l'imitation peut paraître dès lors tout au moins maladroite. Sans doute les serpents et les enfants de chœur sont devenus aujourd'hui nécessaires partout, les uns à cause du défaut des voix, les autres pour le service de l'autel ; mais quant aux déploiements d'étalage, qui ne sont pas d'indispensabilité absolue, il arrive peut-être trop fréquemment que la forme actuelle change du tout au tout l'effet que produisait jadis le fond, et que le respect fait place à un autre sentiment.

Quand l'évêque officiait pontificalement, on comptait dans le sanctuaire, outre les ecclésiastiques en surplis, plusieurs domestiques en grande livrée. Ainsi que cela se pratique maintenant, deux vicaires généraux en chape se tenaient toujours à ses côtés ; mais le secrétaire de l'évêché était seul chargé du soin de placer ou d'enlever la mitre, et de donner la crosse.

A chaque paroisse se trouvait affecté un cimetière particulier qui était contigu à l'église, et même souvent l'entourait. Notre-Dame-la-Petite faisait exception sous ce rapport, et son lieu de sépulture occupait dans la rue du Chaudron-d'Or, à droite en sortant de celle de la Galère, un emplacement sur lequel ont été bâties plusieurs maisons.

Les chapitres et les monastères avaient aussi des cimetières à part dans leurs enclos. Quelques-uns enterraient leurs morts soit dans des caveaux, soit dans des cloîtres. Le champ public d'inhumation actuel de Chilvert, près de la porte de la Tranchée, était la maison de plaisance d'un chanoine de Saint-Hilaire.

Les invitations aux funérailles, appelées vulgairement *convois*, ont conservé l'ancienne forme, l'ancien style et même l'ancienne vignette. Il est à remarquer, comme objet de mœurs et coutumes, que lorsque la personne défunte appartenait à la noblesse, si c'était un homme, son nom était précédé du titre de *messire*; si c'était une femme, on la qualifiait de *dame, madame*; et si c'était une fille, on mettait *demoiselle, mademoiselle*.

Les jeunes clercs assistants dans les paroisses étaient chargés de veiller les corps morts, et de porter les cercueils à la cérémonie des obsèques.

Aux enterrements des défunts appartenant à toutes les classes supérieures de la société, le parent qui *faisait le deuil* était vêtu entièrement en laine, et avait sur les parements de son habit des *pleureuses*, c'est-à-dire des retroussis de batiste blanche, bordés d'un ourlet très-large. Les bouts de sa cravate, aussi de batiste blanche, retombaient longuement sur son sein recouvert d'une veste boutonnée jusqu'en haut, qui ne laissait apercevoir aucune espèce de linge. Il portait

3*

sur les épaules un manteau traînant d'étamine noire, dans lequel tout son corps était enveloppé. Ses cheveux, sans frisure et sans poudre, tombaient épars sur son dos ; à son chapeau dégansé et rabattu pendait un long crêpe. Si le défunt ou la défunte avaient soit plusieurs fils, soit plusieurs frères, tous étaient revêtus pareillement du costume qui vient d'être décrit.

Le deuil se plaçait d'abord dans deux bancs garnis d'une étoffe à fleurs de lis qu'on voyait dans toutes les églises paroissiales, derrière les stalles du clergé, et qui étaient réservés par destination habituelle aux membres de la magistrature et de l'administration; c'était ce que le peuple appelait *les bancs des Messieurs*. Lorsque ces places ne suffisaient pas, le reste des invités occupait, comme aujourd'hui, des chaises dans le chœur. Pendant l'office, on apportait, avec des écritoires et des plumes, les deux doubles des registres qui formaient alors l'état civil, et tous les assistants, composant le deuil, signaient sur leurs genoux, sur l'appui de leur banc, ou sur le dos de leur chaise, les actes rédigés d'avance. Le cortége entier accompagnait le corps jusqu'à la fosse, ne se retirait qu'après la dernière cérémonie religieuse, et reconduisait celui qu'on appelait *l'affligé*.

Le jour des Morts, il y avait affluence dans les églises, et l'on s'y rendait en deuil. C'était une demi-fête, c'est-à-dire chômée jusqu'à midi, et tout le monde l'observait rigoureusement. On dit encore aujourd'hui *les fêtes* de la Toussaint.

Il régnait un peu d'arbitraire relativement à la durée des deuils; mais un long article à cet égard, inséré dans les Affiches du Poitou de l'année 1786, annonçait qu'on devait les porter ainsi :

Un mari pour sa femme, 6 mois.
Une femme pour son mari, un an et 6 semaines.
Père et mère, 6 mois.
Grand-père et grand'mère, 4 mois et demi.
Frère et sœur, 2 mois.
Oncle et tante, 3 semaines.
Cousins germains, 15 jours.
Oncles à la mode de Bretagne, 11 jours.
Cousins issus de germains, 8 jours.
Oncles et tantes pour leur neveu, chef de la famille, 2 mois.

MONASTÈRES D'HOMMES.

Les Augustins. Ce couvent, situé, comme il a été dit, sur la place Royale, a été en partie démoli, et en partie arrangé pour former des habitations et des bâtiments de service particuliers. Le clocher en charpente, percé tout autour de grandes arcades qui laissaient voir les cloches, et surmonté d'une campanille, s'élevait au-dessus du chœur des religieux placé derrière l'église. C'était un des plus jolis de Poitiers. Plusieurs maisons du bas de la rue des Hautes-Treilles, à gauche en venant de la place, appartenaient aux Augustins. Les unes étaient données à rente, les autres à loyer. Le supérieur des Augustins avait le titre de prieur.

Les Bénédictins. L'abbaye de Saint-Cyprien, formant leur maison, occupait l'emplacement consacré maintenant à la magnanerie du département et au jardin botanique. Il ne reste plus de tous les bâtiments qu'un pavillon. L'église, récemment construite, était d'un style et d'une ordonnance modernes. Le chœur n'avait point une enceinte de hautes murailles, comme dans les anciens monastères. L'autel de marbre, à la romaine, élevé dans un sanctuaire autour duquel on pouvait circuler, a été scié en deux; une moitié compose celui de Notre-Dame, et l'autre celui de Saint-Porchaire. La fermeture de la porte d'entrée est celle qui sert aujourd'hui à l'église de Saint-Hilaire, du côté du pignon.

A Poitiers, comme en beaucoup d'endroits du diocèse, les Bénedictins ne prêchaient ni ne confessaient. Ils n'assistaient même pas aux processions générales du clergé de la ville. Leur supérieur était appelé prieur.

La promenade du Cours, dite généralement *les Cours*, plantée d'ormeaux magnifiques, en face de l'abbaye, n'était pas plus fréquentée qu'aujourd'hui, excepté le dimanche. Les soldats y venaient habituellement faire l'exercice, et les tambours leur bruyant apprentissage. Il était d'usage de s'y promener en voiture le mercredi saint, après midi, et on voyait ce jour-là de nombreux équipages suivre les allées au pas, sans toutefois former de files réglées. Ce spectacle attirait ordinairement beaucoup de curieux sur la terrasse de Blossac.

Les Capucins. Au bout de la rue du Petit-Séminaire, vis-à-vis de celle de la Baume, à peu près où se trouve maintenant l'entrée des bains, une grande porte ronde s'ouvrait sur une cour, au fond de laquelle on arrivait, en obliquant un peu à droite, dans l'église des Capucins. La petite porte carrée qui touche aux maisons placées à la suite de l'établissement thermal, en allant à la promenade, conduisait presque immédiatement au cloître, par lequel on pénétrait dans l'intérieur du couvent.

Devant cette modeste entrée, ou même devant celle de la cour de l'église, se tenait souvent debout un grand capucin long de cinq pieds huit ou neuf pouces, qui, les bras croisés sur la poitrine, regardait, du haut de sa gravité, se succéder les files de passants. Si je fais une mention spéciale de ce vénérable personnage, appelé par son nom de religieux le père Jean-François-Marie, et par son sobriquet dont je n'ai jamais pu savoir l'origine, le père Carnaval, c'est qu'il était orné d'une barbe qui aurait d'avance excité l'envie du plus touffu des sapeurs futurs de la garde impériale. Humble anachorète ! cénobite ignoré ! il ne prévoyait guère alors, du fond de sa pauvre cellule, qu'encore quelques années écoulées, ce serait avec les élégants les plus renommés des plus riches salons qu'il se trouverait en rivalité ! De toutes les révolutions possibles à la mode, celle-là était à coup sûr une des moins supposables. Au surplus, j'ai souvent ouï dire que le bon père dont il s'agit, aîné d'une famille noble et opulente, avait abandonné pour le cordon de Saint-François le ceinturon d'officier de cavalerie.

Par-derrière l'église et les bâtiments d'habitation, un grand jardin longeait la rue dite *derrière le Petit-Séminaire*, au-dessus et en ligne parallèle du boulevard, appelé alors rempart de Tison. Le vaste terrain sur lequel a été élevé le magasin qu'on nomme *l'Arsenal*, formait les basses-cours, les servitudes et un clos de vigne attenant au jardin. Il ne reste plus debout que le chœur des religieux, qui se trouvait derrière l'autel, mais hors de l'enceinte de l'église.

Les Capucins étaient la plus nombreuse réunion monastique d'hommes qui existât à Poitiers. Ils servaient d'aumôniers à plusieurs communautés de femmes, allaient dire la messe le dimanche dans quelques maisons de campagne de la banlieue, prêchaient beaucoup, et confessaient une grande quantité non-seulement de pénitentes, mais même de pénitents de toutes les classes de la société. Leur bibliothèque passait pour la plus belle de la ville; le chef de leur maison avait le titre de gardien, et l'ordre tenait sans doute beaucoup au sens attaché à ce nom, car le dignitaire au-dessus du gardien s'appelait *custode*.

Dans les processions générales où tous les chapitres, les paroisses et les autres ordres religieux avaient des croix d'argent, les Capucins se faisaient remarquer par une grande croix de bois peinte en brun, et ornée des attributs de la Passion.

LES CARMES. Ce monastère était situé dans la rue qui en a conservé le nom. Deux portes absolument semblables et très-peu éloignées entre elles conduisaient, après avoir également descendu plusieurs marches, l'une dans les cloîtres, et l'autre dans l'église qui était assez grande. Une sortie latérale, pratiquée dans la chapelle de la Vierge, communiquait avec la rue de Saint-Michel par une petite venelle encore existante. Il y avait un orgue dans une tribune au-dessus de la grande porte d'entrée; et le chœur des religieux, placé dans les étages supérieurs du couvent, ouvrait sur l'église par deux grandes fenêtres fermées de treillages, qu'on apercevait à gauche du sanctuaire. Des maisons particulières ont remplacé totalement cette communauté, dont le supérieur était appelé prieur.

LES CHARITAINS, frères de la Charité ou de Saint-Jean-de-Dieu. C'était plutôt une congrégation qu'un ordre religieux : il n'y avait qu'un petit nombre de prêtres parmi ses membres. Celui d'entre eux auquel les autres étaient subordonnés avait cependant le titre de prieur. Leur maison, située sur la place de Montierneuf, a été réunie à l'Hôpital-Général ; on voit encore la porte d'entrée et les fenêtres de l'ancienne chapelle. Ils recevaient un certain nombre de malades et d'aliénés, tous du sexe masculin ; plusieurs frères étaient renommés pour leur talent chirurgical qui les faisait appeler de bien loin. Je me souviens d'avoir vu à Poitiers le père Elisée, homme très-célèbre dans son art, qui depuis a été premier chirurgien de Louis XVIII, en pays étranger, et en France après sa rentrée. On avait pris l'habitude d'appeler ce Charitain *père*, quoiqu'il ne fût pas prêtre. Il a demeuré longtemps à Niort, où il y avait une maison de son ordre. Son nom de famille était Talachon.

Les Cordeliers. Vers le milieu de la rue qui est encore appelée du nom de ce monastère, et à l'endroit que recouvre la terrasse d'une grande maison où a logé le premier préfet de la Vienne, on trouvait, à droite en se rendant à Notre-Dame, une porte ouvrant sur une petite cour. A gauche était l'église, dont une partie sert de magasin à la maison qui vient d'être indiquée. On y voit encore une grande tribune qui régnait dans toute la largeur au-dessus de la porte d'entrée, laquelle était garnie en dedans d'une fermeture cintrée, transportée à la cathédrale, dans l'allée collatérale de gauche, et appliquée au passage aboutissant à la rue, près du grand pignon. De chaque côté de cette fermeture, étaient établis, dans des enfoncements de la muraille, les confessionnaux sculptés et récemment peints en bronze, qu'on retrouve aussi à la cathédrale dans le haut du collatéral de droite.

L'autel des Cordeliers était à la romaine, et placé en avant du chœur des moines ; une boiserie garnissait ce chœur qu'on voyait tout entier. Au milieu s'élevait un superbe tombeau en marbre noir, surmonté de deux statues de bronze, représentant un duc et une duchesse de Morthemar, famille dont le monastère renfermait la sépulture. Dans le mur de droite, près de la balustrade du sanctuaire, une ouverture conduisait à une suite de chapelles et de passages voûtés qui allait joindre une porte encore existante dans la rue des Jacobins, et servant d'entrée actuelle à des magasins construits dans les anciens bâtiments des Cordeliers. Le terrain sur lequel on voit un établissement de roulage, une cour plantée d'arbres, et des jardins attenants, dépendait aussi de la maison de ces religieux, gouvernés par un gardien.

Il y avait parmi eux, avant 1789, le père Fruchet, docteur en Sorbonne, vieillard très-savant; mais sa mémoire affaiblie le rendait souvent dupe de l'espièglerie des écoliers, qui allaient lui persuader qu'il les avait confessés la veille, pour obtenir de lui des certificats de contrebande, qu'on finit par ne plus admettre au collège. Le père Rochex, membre de la faculté de théologie de Poitiers, s'occupait aussi de physique; lors de l'invention des ballons, il construisit en papier une montgolfière qu'il fit partir avec succès du vaste jardin de l'hôtel d'Auzances, place St-Didier. Cette réussite l'encouragea, et il voulut, quelques mois après, lancer publiquement un aérostat beaucoup plus considérable. L'expérience fut annoncée d'une manière éclatante; chacun loua d'avance avec empressement les chaises qui devaient remplir la grande allée de Blossac, où l'on dressa les préparatifs de l'ascension, entre la grille d'entrée et le grand carré du milieu. Toute la population de la ville se tint en émoi pendant plusieurs heures, attendant toujours de voir le ballon s'élever dans les nuages ; mais malgré la persistance et l'activité des efforts, on ne put parvenir à le gonfler. Enfin une déchirure s'étant faite par accident, la maladresse ou la malveillance agrandirent la blessure, et bientôt les débris de la pauvre machine mise en lambeaux furent promenés par les enfants dans les rues. Entre les deux essais du père Rochex, une montgolfière lancée à Blossac par M. Mignon, limonadier-confiseur, avait parfaitement réussi. Tout cela se passait en 1784.

En 1791 il n'y avait plus de révérend père théologophysicien, mais M. l'abbé Rochex, vicaire de l'évêque constitutionnel.

C'étaient les Cordeliers qui avaient ordinairement la triste mission d'accompagner les criminels que l'on menait au supplice.

Les Feuillants. La maison de ces religieux occupait l'emplacement où l'on voit aujourd'hui celle des dames du Sacré-Cœur ; quelques-uns des anciens bâtiments ont même été conservés. Les Feuillants étaient fort peu nombreux ; ils ne prêchaient ni ne confessaient, de manière qu'excepté pour les voisins qui fréquentaient leur église, l'existence de ce monastère demeurait presque inaperçue. Le chef se nommait le prieur.

Les Génovéfains. Au bas et en face de la rue de la Celle, on arrivait à une sorte de plate-forme sur laquelle s'ouvrait, à main droite en retour d'équerre, une porte bâtarde qui conduisait dans le couvent, et dont la fermeture a été transportée un peu plus loin, à l'entrée de la communauté actuelle des Carmélites. Après la plate-forme mentionnée tout à l'heure, se trouvait un large escalier de plusieurs marches qui précédait une nef voûtée, mais très-délabrée et sans bas-côtés. Au milieu de cette nef, à l'endroit où allaient commencer les transsepts, s'élevait l'autel mesquin de la paroisse. Ainsi que je l'ai déjà dit, cette portion de l'édifice menaçant ruine, il avait été construit sous l'arcade de la coupole du centre, un mur d'une certaine hauteur qui interceptait la communication ; et l'on entrait dans l'église, devenue commune à la paroisse et à l'abbaye, par l'extrémité du transsept de gauche. L'un des coins de celui de droite était occupé par une tribune contenant un petit orgue. L'abside renfermait le chœur, le sanctuaire et le maître-autel. Un clocher en pierre, surmonté d'une flèche en charpente, couronnait le dôme placé au milieu des transsepts.

Les Génovéfains, dont le costume très-élégant n'avait rien de monacal, n'étaient pas en effet des moines, mais des chanoines réguliers ; ils n'allaient pas dans le grand monde, mais, comme beaucoup d'autres ecclésiastiques, ils fréquentaient des sociétés particulières peu bruyantes. Ils y étaient d'ailleurs naturellement conduits par les fonctions de curé et de vicaires qu'ils exerçaient dans une grande paroisse.

Les Jacobins. On voit encore au coin de la rue d'Orléans, qui en est pour le moins à son troisième ou quatrième nom, un pilastre cannelé, d'ordre dorique, surmonté d'un reste d'entablement et d'une frise ornée de triglyphes : c'était l'un des jambages d'une grande porte ronde, communiquant de la rue à une cour où l'on trouvait à droite l'entrée du monastère, dans lequel les religieux tenaient une école de théologie affiliée à l'Université. En face de la grande porte s'ouvrait celle de l'église, et l'on descendait pour y arriver un escalier de quelques marches. L'édifice était assez grand et assez élevé ; l'autel, qui a été transporté dans la chapelle de la paroisse de la cathédrale, et dont le rétable offre une hauteur imposante, en occupait le fond. Le chœur, disposé comme ceux des chapitres, se déployait dans la nef, en avant de l'autel. Plusieurs fois dans l'année, les stalles étaient remplies par les membres de l'Université, en grand costume, qui célébraient dans cette église les cérémonies particulières à leur corps. Une vaste salle intérieure servait à quelques-uns de leurs exercices et de leurs réunions.

Les religieux de l'ordre de Saint-Dominique, dont le chef était un prieur, observaient des rites spéciaux en offrant le saint sacrifice. Le père Stéphanowski, polonais d'origine, qui a été pendant une longue suite d'années l'un des professeurs de théologie, venait tous les dimanches remplir les fonctions d'aumônier dans une maison de campagne peu éloignée de la ville, et appartenant à des amis de ma famille. Comme il vit un jour se présenter pour sacristain un jeune domestique nouvellement arrivé, il lui demanda s'il avait jamais servi de répondant à un Jacobin. Recevant une déclaration négative: Alors, dit-il, n'oubliez pas qu'avant le commencement de la messe, on doit nous apporter les burettes, afin que nous mettions le vin et l'eau dans le calice ; puis, ajouta-t-il tout simplement, à l'*Orate fratres*, on ne dit rien. La première prescription fut fidèlement exécutée ; mais quand le bon père se retourna en prononçant : *Orate fratres*, le petit drôle répondit d'une voix assurée et retentissante : *On ne dit rien*. Il est assez facile de concevoir qu'à cette incartade totalement inattendue, l'assistance entière et même le célébrant ne purent s'empêcher de laisser échapper au moins un sourire.

Ce qui semblerait autoriser quelque peu les âmes les plus timorées à penser que le héros de cette aventure, que mon père avait amené de Paris, n'agissait pas tout à fait sans malice, c'est que, dans une autre occasion, ayant à annoncer une madame Chameau, il ouvrit la porte et dit bien haut : Madame... Puis ayant l'air d'hésiter, il ajouta : Je ne me souviens plus du nom, mais il y avait à la foire une bête comme ça sur la place Royale. (Certifié historique, tout en demandant pardon de la digression reconnue plus que médiocrement étrangère au sujet principal.)

Les Minimes, dans le bas de la Grand'Rue. Leur église était assez jolie, mais petite. Elle est démolie et remplacée en ce moment par une salle d'asile. Une habitation particulière, qui lui est contiguë, se compose d'une portion des bâtiments du monastère. Dans les derniers temps il ne s'y trouvait plus que deux religieux, en comprenant le supérieur, qui, dans les couvents de cet ordre, était appelé correcteur.

Quelques années avant la révolution, on pêcha dans le Clain, entre la Cagouillière et Traînebot, le cadavre du père Madoré, minime, demeurant à Poitiers depuis longtemps, grand fleuriste, et de plus, prétendit-on alors, grand joueur. Je puis certifier personnellement la première qualification, car il m'a conduit bien des fois dans son jardin. Quant à la seconde, il revenait, dit-on, d'une réunion de jeu clandestine : puis, à la suite d'une grosse perte, selon les uns, il se serait noyé de désespoir ; ou bien, suivant les autres, on l'aurait jeté dans la rivière, après lui avoir enlevé une somme considérable qu'il venait de gagner. Quoi qu'il en soit, le secret de cette histoire est toujours demeuré un mystère impénétrable, du moins pour le public. Je me rappelle avoir entendu dire tout bas que l'instruction commencée n'avait pas été poussée jusqu'au bout, parce qu'il s'était découvert parmi les habitués du tripot des personnages qu'on ne voulait pas compromettre.

Les Religieux de Montierneuf. Leur église, la plus belle de Poitiers après Saint-Pierre, était peu ornée. Le maître autel et le chœur qui le précédait remplissaient tout l'espace entre les piliers de la lanterne, qui forme une espèce d'abside entourée d'une allée où se trouvait, au centre, l'autel de la paroisse. Les cordes des cloches descendaient de la tour, qui ressemblait beaucoup à celle de Notre-Dame-la-Grande, sur l'emplacement où est aujourd'hui le sanctuaire (1).

Le volume des Mémoires de la Société des antiquaires de l'Ouest, pour l'année 1845, contient une notice intéressante sur l'abbaye de Montierneuf. Dans plusieurs parties de ce travail l'auteur a fait preuve de son instruction et de sa sagacité ordinaires; seulement, pour les choses qui ne sont pas écrites, et qu'il n'a pu voir de ses propres yeux, mes souvenirs se sont trouvés en désaccord avec les renseignements qu'on lui a fournis. J'éprouve

(1) Une troisième disposition, entreprise depuis peu de jours, est en ce moment à peine achevée. On a repoussé l'autel vers le milieu de la lanterne, et le chœur, remis en avant, se trouve sous le dôme de l'ancien clocher, dans la place où l'on avait établi le sanctuaire, à l'époque de la restauration de l'église en 1817. Le nouvel arrangement ne diffère de celui de 1789 qu'en ce que l'autel d'alors, qui n'était pas à la romaine, occupait le fond de l'abside, dont, ainsi qu'il a été dit, le reste formait le chœur des religieux, et que le dessous du dôme faisait partie de la nef. La sacristie, au lieu d'être, comme aujourd'hui, contiguë au transsept de gauche, tenait à celui de droite; on en voit encore la porte près du calvaire, au bas duquel était l'entrée de la communauté dans l'église, à l'endroit où l'on a pratiqué une grotte et un autel.

un regret très-vif et très-sincère d'être obligé de m'établir pour quelques instants en opposition avec lui ; mais je ne puis sans cela remplir consciencieusement la tâche que j'ai prise. Afin de ne pas m'en rapporter uniquement à moi-même, j'ai voulu, avant d'indiquer les points sur lesquels celui qu'il m'en coûte de contredire me paraissait avoir été induit en erreur, en conférer avec un homme dont l'âge est bien plus avancé que le mien, et dont en même temps la mémoire est aussi fidèle. En outre, il était prêtre plusieurs années avant 1789, et non-seulement à raison de cette qualité, mais par suite de liaisons personnelles, il avait des relations très-fréquentes avec divers membres de la congrégation à propos de laquelle nous avons été unanimes dans le récit de ce que nous avions remarqué jadis chacun de notre côté.

A la page 225 du volume indiqué, après avoir vu qu'une réforme, non généralement adoptée par tous les religieux qui suivaient la règle de Saint-Benoît, eut lieu au XVIIe siècle, on lit les lignes suivantes : « Un arrêt du 13
» octobre 1727, partageant les maisons de l'ordre de
» Cluny en deux observances, attribua l'abbaye de Mon-
» tierneuf aux non réformés, avec défense à ceux de la
» congrégation de Saint-Maur (la réforme) de s'y intro-
» duire et d'en posséder les offices claustraux. » Tel est le résumé des faits et des pièces justificatives que rapporte Thibaudeau ; puis le mémoire historique ajoute comme résultat de cet exposé : « Malgré les termes rigoureux de
» l'arrêt, il paraît que les religieux de l'étroite observance
» se maintinrent au milieu des non réformés ; mais la
» paix était désormais bannie de ces lieux où la différence
» d'exercices, d'habits et de nourriture, enfantait chaque
» jour des disputes sans fin. Aussi la vie commune étant

» devenue insupportable à tous les religieux, ils se sé-
» parèrent vers la fin de 1787, pour jouir chacun en par-
» ticulier des bénéfices qui leur étaient affectés.—Deux
» ans après, le régiment d'Agénois prit possession des
» bâtiments claustraux. »

Il est tout à fait inexact, je ne crains pas de l'affirmer, que de mémoire d'homme encore existant, quelque vieux qu'il soit, jusqu'au jour de la dissolution de l'abbaye de Montierneuf, aucun religieux de l'étroite observance ait paru et se soit maintenu parmi les non réformés. Ceux qui vivaient réunis lorsque le départ commun eut lieu, partageaient avec calme et contentement la vie claustrale, mangeant au même réfectoire, couchant dans le même dortoir, assistant dans le même chœur, avec le même habit, aux mêmes offices religieux. Aucune différence n'existait entre eux sous aucun rapport, et par conséquent aucun genre de dispute à cet égard ne pouvait avoir lieu.

Il est vrai qu'avant la retraite générale, quelques membres, profitant successivement de la permission qui avait été donnée, renoncèrent à l'association, et allèrent desservir des bénéfices séculiers qu'ils étaient parvenus à se procurer; mais lors de la séparation totale et de l'abandon complet du monastère, il y avait encore neuf religieux soumis au régime conventuel.

Leur rentrée dans le monde ne date point de 1787; je me souviens très-bien d'être allé avec une procession de Saint-Porchaire à Montierneuf en 1788, je crois que c'était pour la Saint-Marc, et les religieux s'y trouvaient encore. D'ailleurs, sur cet article, des documents authentiques et à peu près officiels se joignent aux souvenirs particuliers. L'Almanach du Poitou porte encore pour les années 1787, 1788 et même 1789, l'abbaye de Montierneuf parmi les communautés d'hommes de Poitiers, et Dom Delaronde comme prieur de cet établissement. Or la suppression d'une abbaye aussi importante n'était pas, dans notre ville religieuse par excellence, un événement que l'on pût ignorer pendant trois années, surtout lorsque l'Almanach du Poitou avait précisément pour rédacteur-éditeur l'imprimeur de l'évêque et du clergé. D'autre part, l'ecclésiastique dont j'ai parlé, et moi-même, croyons également nous rappeler que Dom Delaronde se rendit, vers la fin de 1788, à un chapitre général des Clunistes non réformés, où la sécularisation par le fait fut résolue pour s'opérer en 1789. Effectivement, dans l'Almanach de 1790, l'abbaye de Montierneuf et Dom Delaronde ont également disparu (1).

J'observerai que la délibération citée à la page 230 du mémoire historique confirme tout à fait ce que je viens de dire. Par cette délibération, prise le 11 janvier 1789, les habitants de la paroisse de Montierneuf (informés, comme tout le monde, que l'abbaye allait se dissoudre), déclarèrent que « n'ayant aucunes ressources, ne pos-
» sédant rien, ils ne pouvaient pas même acheter les
» objets de rigoureuse nécessité pour le culte. Ils décl-
» dèrent, en conséquence, que le curé et les fabriciens
» s'adresseraient à l'évêque de Poitiers, et même au
» conseil du roi, pour obtenir les secours nécessaires à
» la fabrique. »

« Jusqu'alors en effet, dit le mémoire, eu égard au
» service habituel qui se faisait dans l'église par les re-
» ligieux de l'abbaye avec la plus grande pompe, le curé

(1) Dom Delaronde est mort curé de Vouneuil, où il avait été nommé après le concordat.

» s'était borné à dire une messe basse à l'autel paroissial ;
» mais, par suite de la cessation de ce service de la part
» des religieux, grand fut l'embarras des paroissiens,
» lorsqu'ils voulurent y suppléer et imiter les autres
» paroisses de la ville. »

Ce passage tout seul suffirait pour juger la question. Puisque *l'embarras des paroissiens*, causé par *la cessation du service de la part des religieux* qui l'avaient fait *habituellement* jusqu'alors, eut lieu en 1789, c'est que 1789 fut l'époque de leur retraite. Il est bien clair que si l'abbaye eût cessé d'exister en 1787, la délibération n'aurait pu manquer d'être prise deux ans plus tôt (1).

Quant à l'entrée en possession des bâtiments claustraux par le régiment d'Agénois en 1789, tout se réunit pour faire prononcer qu'il y a là méprise complète de la part des *témoins oculaires* dont une note du mémoire (189, page 268) annonce qu'émane cette déclaration. C'est en 1785 qu'Agénois arriva la première fois à Poitiers, d'où il partit à la fin de 1787 pour aller à l'île d'Oleron. Après lui, on nous donna Rouergue et Poitou, qui se casernèrent encore, comme l'avait fait Agénois lui-même, dans des maisons situées en différents quartiers. Ces deux régiments arrivèrent au mois d'avril 1788, furent envoyés ailleurs vers la même époque de 1789, et remplacés par Royal-Roussillon, dont une portion s'établit un peu

(1) S'il fallait encore quelque chose de plus, j'ajouterais qu'un autre ecclésiastique de ma connaissance m'a déclaré, depuis que tout ceci est écrit, avoir dans ses papiers la liste nominale des neuf religieux qui étaient à l'abbaye en 1789, lors de la dissolution. Cette liste lui a été remise, m'a-t-il dit, par M. Sabourin, curé de Montierneuf à l'époque dont il s'agit, et mort il n'y a pas vingt ans dans l'exercice de ses anciennes fonctions, qu'il avait reprises depuis le rétablissement du culte.

partout, suivant le mode accoutumé de casernement, tandis que l'autre occupait Sainte-Catherine. Agénois revint bientôt renforcer notre garnison, et fut distribué, comme lors de son précédent séjour, dans des maisons particulières (1).

Dans les premiers mois de la même année, peu de temps après le départ des religieux de Montierneuf, le troisième escadron du régiment du Roi, cavalerie, dont je nommerais tous les officiers, s'il en était besoin, vint se loger dans les bâtiments de l'abbaye et dans plusieurs écuries circonvoisines. De la sorte, il se trouvait en 1789 à Poitiers trois différents corps de troupes à la fois; et les registres de l'hôtel de ville citent nominativement chacun d'eux, comme ayant assisté avec les deux autres à une fête civique qui eut lieu en juillet. Agénois partit au mois d'octobre ; Royal-Roussillon et le régiment du Roi restèrent après lui, et figuraient, ainsi qu'il a été dit, sur les états de population de 1790, cités à la page 421 du volume des antiquaires pour 1840.

Je me rappelle, de même que si l'événement s'était passé hier, avoir rencontré un matin l'escadron de cavalerie, arrivant de Montierneuf au grand galop, et montant, sabre à la main, la rue des Basses-Treilles, pour venir se mettre en bataille sur la place Royale, afin de prévenir une émeute que l'on pensait avoir des motifs de craindre.

Puisque je passe en revue les vieilles choses de l'ancien

(1) Je pourrais citer des personnes qui se rappellent, comme moi, avoir encore vu, il y a plusieurs années, mais bien depuis la révolution, les mots *Caserne du régiment d'Agénois*, restés écrits sur une porte située à gauche en descendant la rue du Moulin-à-Vent. De plus, un de mes camarades de collége, ensuite officier au régiment dont il s'agit, et habitant Poitiers en cette qualité à l'époque que je cite, m'a confirmé ce dont je croyais déjà me souvenir exactement.

Poitiers, il faut bien qu'à propos de Montierneuf, je *touche un mot*, comme on disait encore au temps dont je parle, du tombeau de Guillaume VI. Le mémoire répète ce que j'ai lu plus d'une fois, ce que j'ai entendu dire plus de dix, que grâce aux données historiques que l'on avait sur la place où reposait le noble duc, et d'après les renseignements que l'on puisa dans les archives de l'abbaye, on parvint à retrouver l'endroit de sa sépulture. Mais il n'était besoin pour cela d'aucun secours emprunté à la science, et rien n'était plus trivialement connu. Il existait encore dans la ville en 1822, époque de la fouille, plusieurs centaines de personnes qui, comme l'abbé Gibault lui-même, comme plusieurs membres de la commission, comme moi, si j'avais été présent, n'avaient point assez oublié le monument près duquel ils s'étaient arrêtés tant de fois, pour ne pas montrer sans hésiter, à un pied ou deux près, l'emplacement qu'il occupait. L'exploration projetée ne pouvait donc faire naître aucun embarras ; et la réussite des prétendues recherches n'était pas une difficulté vaincue.

Plusieurs voix se sont ensuite élevées contre le ciseau malhabile de l'ouvrier auquel est due l'œuvre sans doute passablement grossière, qui, fût-elle un chef-d'œuvre, deviendrait un non-sens ridicule dans le coin où on l'a reléguée. Mais ce n'est pas le tout que de se montrer exigeant et délicat envers les productions de l'art, il faut avant tout être juste. Qu'on ouvre Thibaudeau, qui écrivait en cette occasion sur ce qu'il avait devant ses yeux, et l'on trouvera que le dernier mausolée érigé à Guillaume, en 1643, était une masse de pierre de trois pieds de hauteur, recouverte d'une tombe avec la représentation du prince. Qu'on interroge les témoins dont je parlais tout à l'heure, et ils répondront que cette représentation était très-rustiquement sculptée. Eh bien! à tort ou à raison, l'abbé Gibault voulait reproduire le plus complétement possible ce qui existait dans le principe; je tiens de sa propre bouche qu'il avait fait copier avec une fidélité servile soit la masse, soit les ornements, soit la statue du tombeau actuel, sur des fragments de l'ancienne construction retrouvés dans les décombres. Je ne puis affirmer, je l'avoue, si c'est parce que l'imitation est vraiment très-exacte, ou parce que je cède à l'impression qui m'a été communiquée, mais il est certain que quand je considère l'ensemble de ce cénotaphe, je crois revoir une vieille connaissance dont les traits, quelque irréguliers qu'ils soient, ne me choquent point, parce que mes regards y étaient accoutumés. J'ignore, du reste, si le Praxitèle poitevin pouvait faire mieux; mais en supposant qu'il ait consenti volontairement à paraître aussi maladroit, plus le produit de son talent prête à la critique, plus son obéissante abnégation doit sembler méritoire.

Je me suis un peu longuement étendu relativement au mémoire historique sur l'abbaye de Montierneuf, parce que, je le répète, on touche au moment où les publications des antiquaires de l'Ouest, répandues sans réclamation, formeront des autorités irrécusables sur la période chronique du Poitiers que j'appellerais notre moyen-âge. Il est donc essentiel que les rares, fugitifs et derniers témoins de plusieurs vérités dont ils emporteront à jamais avec eux toute espèce de traces, avertissent les écrivains présents destinés à devenir les guides futurs, lorsqu'ils se fourvoient ou se laissent égarer involontairement dans une route sur laquelle tant de pas suivront aveuglément les leurs.

Le costume ordinaire des religieux de Montierneuf était une soutane semblable à celle des prêtres séculiers ; ils n'avaient point de rabat, et une bande d'étoffe noire, formant seulement par-devant, un étroit scapulaire monastique, s'attachait autour du cou avec deux boutons. Lorsqu'ils allaient au chœur, ils prenaient une large robe à grandes manches. Je citerai comme une particularité dans le cérémonial de leur congrégation, que, le jour de la Saint-Marc, ils faisaient la procession publique d'usage, portant à la main de longues baguettes blanches.

On ne leur donnait point le titre de *père*, comme aux Capucins, aux Carmes, aux Cordeliers et aux membres de la plupart des autres ordres, mais celui de *dom*, ainsi qu'aux Bénédictins et aux Feuillants.

COUVENTS DE FEMMES.

La première dignitaire de toutes les communautés de femmes portait le titre de supérieure. Cependant celle de la Trinité se nommait grande prieure. Il y avait aussi à Sainte-Croix une grande prieure qui prenait rang après l'abbesse.

Le Calvaire. On descendait jadis beaucoup pour arriver à l'église et au couvent du Calvaire, de même qu'on descend beaucoup aujourd'hui pour arriver à la maison particulière bâtie sur le terrain qu'occupait cet établissement religieux. La chapelle était peu grande et assez obscure. La porte donnait sur la petite place, au commencement de la rue qui mène à l'abreuvoir de Tison. Il y avait dans la communauté du Calvaire, comme dans toutes les autres, de vastes jardins qui forment à présent plusieurs propriétés séparées. Les religieuses de cet ordre ont fondé un nouvel établissement dans la maison habitée jadis par les dames de l'Union-Chrétienne.

Les Carmélites. Elles occupaient le bâtiment qui, au moyen d'augmentations considérables et de la construction d'une aile tout entière, est devenu le grand séminaire diocésain, après avoir servi pendant plusieurs années de dépôt de mendicité pour le département de la Vienne. Leur jolie chapelle, longtemps divisée en plusieurs étages composant des salles pour les détenus du dépôt, a été complétement restaurée; mais elle se trouve n'avoir subi au fond que le peu de changements nécessaires pour l'approprier à sa nouvelle destination religieuse. Les Carmélites se sont réunies dans les bâtiments de l'ancienne abbaye de la Celle, qu'elles ont achetés d'un particulier qui en avait fait une maison bourgeoise où il demeurait. Leur chapelle se compose du transsept de gauche et de la coupole centrale de l'église. Le transsept de droite a été confondu dans les distributions intérieures, et le chœur des religieuses est établi dans l'abside. La fermeture de la porte d'entrée de la chapelle est celle de l'église de la Trinité.

L'Abbaye de Sainte-Croix. C'est peut-être celui des monuments du vieux Poitiers, ou plutôt de Poitiers le vieux, pour éviter toute confusion archéologique, qui offre aujourd'hui le moins de vestiges de ce qu'il fut jadis. Sur la place appelée à présent de l'Évêché, s'ouvrait, à peu près où est la grille dépendante du palais épiscopal, une grande porte servant d'entrée à une longue cour. A gauche, après avoir fait quelques pas, on apercevait la presque ridiculement petite église paroissiale de Saint-Austrégisile. Un peu plus loin, du même côté, s'élevait la double chapelle du Pas-de-Dieu; car à celle où on voyait dans une enceinte grillée les deux statues du Sauveur et de sainte Radégonde, qui ont été transportées à l'église dédiée à cette sainte, se joignait un édifice voûté, plus grand, qui contenait un autel où l'on disait la messe; dans le mur latéral était une grille communiquant avec l'intérieur de la communauté, c'est-à-dire avec une espèce de chœur d'où les religieuses pouvaient assister et participer aux exercices particuliers de dévotion qui avaient lieu dans cet oratoire, visité par une affluence nombreuse du public, lors des stations de la semaine sainte. Des bâtiments de service garnissaient la partie droite de la cour, au fond de laquelle on se trouvait en face d'une tour carrée en pierre, surmontée d'une construction pyramidale en charpente que terminait une campanille. C'était le clocher de la grosse sonnerie de l'abbaye. Après avoir traversé le porche qu'il formait, on entrait par l'extrémité du transsept de gauche dans l'église qui avait la figure d'une croix. Le maître-autel et le sanctuaire occupaient l'abside, accompagnée de chaque côté par les autels de la Sainte-Vierge et de Sainte-Radégonde. Cette portion de l'édifice était la seule où se plaçât le public; la nef tout entière composait le chœur des religieuses, qui se trouvait dès lors en face du maître-autel, et où l'assistance, placée entre-deux, voyait tout ce qui se passait, lorsque les rideaux tendus ordinairement derrière la vaste grille transférée depuis à la cathédrale, s'ouvraient soit pour les bénédictions, soit pour d'autres cérémonies du service divin. Une belle boiserie formait et couronnait les nombreuses stalles, et au-dessus de chacune était suspendu un petit tableau représentant l'un des traits de la vie de la sainte fondatrice du monastère. Une tribune donnant à la fois sur le chœur et sur l'église contenait l'orgue. Au milieu du chœur, non loin de la grille, une large pièce de marbre noir recouvrait la sépulture d'une abbesse appartenant à la famille de Montault-Navailles. Ses noms, son âge, ses qualités et son épitaphe en vers français, étaient gravés en lettres d'or sur cette tombe, qui sert maintenant de table de dissection à l'école de médecine de Poitiers. L'inscription peut encore se lire sur la face inférieure. La partie de la maison contenant les appartements de l'abbesse est restée debout, et a été arrangée pour remplacer l'évêché occupé par la préfecture. Une cheminée en marbre incrusté de diverses couleurs, qui ornait le salon abbatial, décore la salle de réunion du conseil académique. Les dames de Sainte-Croix ont créé une nouvelle communauté de leur ordre dans la maison du doyenné de Saint-Pierre, vis-à-vis du temple de Saint-Jean.

Les Sœurs grises de la Cueille et de Montbernage. Je ne trouve dans ma mémoire le sujet d'aucune note spéciale sur ces deux maisons, qui étaient, comme à présent, consacrées à l'éducation des petites filles du peuple et au soin des malades.

Les Filles de Saint-François. Cette communauté, de très-peu d'apparence, était située au-dessous des Feuillants, à gauche, en suivant la même rue. Elle compose maintenant des habitations particulières.

Les Hospitalières. Leur couvent était auprès des Halles : des maisons et des auberges l'ont remplacé. On voit encore la porte extérieure de la chapelle (mais murée) à gauche, dans l'allée qui conduit au minage. Les Hospitalières recevaient et soignaient gratuitement un certain nombre de malades de leur sexe. Leur enclôture tenait, entre la rue des Hautes-Treilles et la rue des Trois-Piliers, un espace immense dont une portion est occupée par le nouveau bâtiment et le jardin du côté des hommes de l'établissement religieux actuel, appelé la Grand'-Maison. La partie de cet établissement habitée par les femmes était la demeure particulière du dernier maire de Poitiers, avant l'organisation municipale révolutionnaire C'était lui qui l'avait fait bâtir.

Pendant la terreur, la maison des Hospitalières fut une prison de *suspectes*. Les religieuses de cet ordre se sont remises en communauté, et elles habitent à présent sur la place de Saint-Didier. Autrefois elles tenaient un pensionnat pour l'éducation des jeunes demoiselles.

Les Filles de Notre-Dame. Leur maison, en partie détruite, est devenue le quartier de la Gendarmerie. Il n'y avait point anciennement de caserne appartenant au gouvernement pour la maréchaussée, dont les cavaliers étaient ce que sont maintenant les gendarmes. A l'époque de la révolution, ils occupaient une maison particulière, située dans la rue des Carmélites, vis-à-vis de la rue du Moulin-à-Vent.

Les Filles de Notre-Dame, réunies d'abord, depuis le concordat, dans l'ancienne maison du prieur de Sainte-Radégonde, ont fait construire nouvellement un magnifique monastère sur l'emplacement de l'abbaye de la Trinité. Elles avaient autrefois, outre un pensionnat pour les jeunes demoiselles, une école gratuite pour les petites filles.

Les Sœurs grises des Pénitentes. Communauté placée dans la rue appelée très-anciennement de Saint-Ausone, puis des Pénitentes et Corne-de-Bouc, noms qu'elle a portés ensemble, pour finir par ne garder que le dernier. Cette maison était destinée à recevoir les filles de mauvaise conduite qu'on appelait *repenties*, bien que toutes ne méritassent point ce titre, et que plusieurs, qui s'y trouvaient retenues malgré elles, se pliassent difficilement au travail et au genre de vie qu'on leur imposait. Il n'est aucun bâtiment qui, depuis la suppression des établissements religieux, ait subi autant de vicissitudes que celui-là. On l'a vu tour à tour prison de suspects, magasin militaire, jardin botanique, petit et grand séminaire, caserne d'infanterie, école primaire, etc.

LA TRINITÉ. Abbaye dont les vastes et vieilles constructions avaient fait place à une grande maison neuve particulière, démolie plus tard à son tour pour être englobée dans le bel ensemble d'une édification récente, que les Filles de Notre-Dame ont placée aux premiers rangs des monuments modernes remarquables de Poitiers. La Trinité avait aussi été une prison de suspects.

L'UNION-CHRÉTIENNE. Congrégation essentiellement enseignante, qui tenait un pensionnat de jeunes demoiselles, et une école de charité pour les petites filles. La maison qu'elle occupait dans la rue des Trois-Cheminées n'offrait rien à l'extérieur qui annonçât sa destination. La chapelle n'avait point d'ouverture sur la rue ; il fallait, pour y arriver, sonner à la grande porte, traverser un porche obscur, ressemblant à celui d'une modeste habitation bourgeoise, et ensuite une petite cour. Cet établissement a été transféré près de Sainte-Radégonde. Les religieuses n'étaient pas cloîtrées; elles faisaient et recevaient des visites. J'en ai même vu venir passer quelques instants dans leur famille, soit à la ville, soit à la campagne.

LES URSULINES. Ce couvent, qu'on a divisé en plusieurs maisons particulières, se composait d'une suite de corps de logis décousus, et ouvrant en partie sur la rue des

Hautes-Treilles. Les religieuses tenaient un pensionnat de jeunes personnes, et enseignaient gratuitement un nombre considérable de petites filles du peuple. La porte de leur chapelle, détruite il y a peu de temps, était ornée de quelques sculptures, et surmontée des trois statues de la sainte Vierge, de saint Augustin et de sainte Ursule, placées dans des niches. Au-dessus s'élevait un pignon, derrière le sommet duquel on voyait un assez joli clocher en charpente terminé par une lanterne ou campanille vide. Les Ursulines, les Filles de Saint-François et la Trinité sont les seules communautés de l'ancien Poitiers qui n'ont pas été rétablies; mais comme il s'en est formé plusieurs nouvelles, le nombre des couvents de femmes, loin de diminuer, est devenu plus considérable.

Outre un grand jardin attenant à leur maison, les Ursulines possédaient un vaste enclos dans lequel on arrivait en passant par la poterne qui existe encore au-dessus de la rue des Écossais. Cette venelle, que le peuple appelait des *Ecossois*, n'était pas alors fermée par des portes à chaque extrémité; aussi servait-elle habituellement chaque soir de rendez-vous aux libertins et aux duellistes, ce qui, d'après sa position, dans presque toute sa longueur, entre le couvent des Ursulines et celui de la Visitation, formait un contraste assez singulier. Au surplus, il semblait que ce fût un parti pris à Poitiers d'aller se battre dans le voisinage de quelque établissement religieux. On choisissait fréquemment pour théâtre des affaires particulières alors très-multipliées, outre la ruelle des Ecossais, celles qui passaient derrière les Capucins, les Feuillants et le Petit-Séminaire.

Vis-à-vis de la rue des Ecossais, de l'autre côté de la rue

des Hautes-Treilles, une porte bâtarde, habituellement fermée, servait d'entrée à une longue venelle qui conduisait à plusieurs jardins particuliers, et se terminait par deux sorties, placées, l'une vers le milieu de la rue des Trois-Piliers, et l'autre au-dessous des Halles, ainsi que de l'auberge de Saint-Nicolas dont je parlerai bientôt. Il y avait un jour de l'année où le chapitre de Saint-Hilaire, dans la juridiction seigneuriale duquel se trouvait le passage dont il s'agit, le traversait en procession. La ruelle existe encore; plusieurs jardins limitrophes ont conservé des portes qui donnent dessus; elle aboutit toujours dans la rue des Hautes-Treilles; mais, pendant la révolution, les sorties sur les rues des Halles et des Trois-Piliers ont été envahies par les propriétaires des maisons voisines, et toute communication de ce côté est détruite.

La Visitation. Ce couvent est devenu la prison de la ville. Ses dehors immenses forment une propriété particulière. Sa charmante église, toute neuve, a été démolie jusqu'à hauteur de murs de clôture, et sert de jardin au geôlier. Les religieuses se sont réunies dans la maison de l'ancienne sous-chantrerie de la cathédrale, près du temple de St-Jean.

HOPITAUX.

L'Hôpital Général. Il était dans le même endroit qu'aujourd'hui; mais on a fait plusieurs augmentations dans les bâtiments, et plusieurs améliorations dans le régime administratif. Des demoiselles séculières soignaient et surveillaient les pauvres, qu'on faisait dès lors travailler à des ouvrages de laine. On recevait quelques femmes aliénées, mais dans un local peu vaste et peu commode : les hommes atteints de folie étaient placés chez les Frères de la Charité.

L'Hôtel-Dieu occupait le lieu affecté aujourd'hui à la bibliothèque publique, au musée d'histoire naturelle, au chef-lieu de l'académie et aux facultés universitaires, après avoir servi à loger les bureaux de l'administration départementale, et plus tard ceux de la Préfecture. La chapelle était placée dans une salle basse de l'aile droite; on y entrait par la porte du coin au fond de la cour. Il reste encore dans le lieu de réunion des sociétés savantes quelques arcades qui en dépendaient. Le cimetière particulier de l'Hospice occupait le terrain servant aujourd'hui de jardin à une maison du bas de la rue de Saint-Paul, à gauche en allant à la cathédrale.

La population de cet établissement n'était jamais très-considérable ; il n'y avait que quarante lits pour les malades. C'était là qu'on recevait les enfants trouvés : mais alors le nombre en était fort petit.

Des administratrices séculières dirigeaient la maison, et des infirmiers à gages faisaient le service des salles. Outre les désavantages d'une pareille organisation, à laquelle avaient au reste succédé des sœurs grises que la révolution décida à se retirer, malgré tous les efforts qu'on fit pour les retenir, il était difficile qu'un établissement du genre de celui-là réunît plus d'inconvénients. On y manquait tout à la fois d'eau, d'air et d'espace. Une seule citerne devait fournir à tous les besoins ; la cour d'entrée et un très-petit jardin sur le derrière forment les seuls dehors ; tout le quartier environnant est composé de rues étroites, de maisons entassées les unes sur les autres, et c'est celui de toute la ville où il existe le moins de vide. En un mot, les malades étaient, sous tous les rapports, aussi mal placés pour eux-mêmes que pour le voisinage, et on peut aller jusqu'à dire pour la salubrité publique.

L'Hôtel-Dieu, appelé, depuis, l'hospice civil et militaire, a été transféré dans les bâtiments du Grand-Séminaire diocésain, qui offrent par leur étendue, leurs dispositions et leur situation topographique à portée de la rivière, tout ce qu'on peut désirer pour leur nouvel emploi.

La Grosse horloge, élevée sur la place de Notre-Dame, au coin de l'une des ailes de l'Hôtel-Dieu, avait l'air d'appartenir à cet établissement, dont elle était néanmoins indépendante. Surpassant en hauteur tous les édifices de Poitiers, elle présentait par sa masse dénuée d'élégance un aspect peu agréable. Sa base se composait d'un carré long de maçonnerie à deux étages, dont l'inférieur formait des boutiques, et le supérieur une vieille chapelle, qui depuis bien longtemps ne servait plus au culte. Au-dessus s'élevait une gaîne de charpente recouverte en ardoise, et supportant à son sommet une campanille revêtue de plomb. Cette lanterne contenait une cloche pesant de 18 à 19 milliers, selon les uns, et 22 milliers suivant les autres. Il n'y avait point au dehors de cadran ni d'aiguilles, et le marteau annonçait seulement l'heure et la demie. Je l'ai entendu frapper pendant plusieurs années ; mais il arriva une époque où l'on jugea que les piliers de la lanterne n'étaient plus en état de supporter sans danger la masse énorme qui pesait sur eux. Alors on construisit un échafaudage de solives croisées, comme si on avait voulu les empiler, et on fit reposer la cloche sur ce soutien, jusqu'au moment où on la descendit. Cette opération difficile et hasardeuse donna beaucoup de peine, et exigea les plus grandes précautions ; notre compatriote Galland l'exécuta avec un plein succès, au commencement de l'année 1787.

La magnifique cloche, ouvrage de fonte très-remarquable, haute de deux mètres, et d'une largeur égale, ornée d'une inscription latine en belles lettres gothiques, fut déposée dans la cour de l'Hôtel-Dieu, où elle est demeurée sans aucune insulte tout le temps de la révolution. Le comte d'Artois, prince apanagiste du Poitou, auquel les bâtiments et le timbre de la Grosse horloge appartenaient, comme représentant des anciens comtes souverains, en fit l'abandon à la ville, qui fut bien près de tirer promptement parti d'un si riche cadeau. En effet, très-peu de temps après la descente de la cloche, il fut sérieusement question d'acheter l'hôtel de Nieuil pour y placer la mairie, et le corps municipal arrêta que ladite cloche, ainsi que les superbes arbres de la promenade du Cours, seraient vendus pour aider à couvrir les frais de l'acquisition. Ce projet n'ayant pas eu de suites, c'est seulement en 1804 que la municipalité a sollicité du gouvernement l'autorisation de mettre l'antique timbre en pièces, pour se faire une ressource de la valeur de ce bloc énorme de métal d'une qualité peu commune. Les morceaux, vendus en détail, ont été employés, ainsi que ceux d'un des bourdons de Saint-Hilaire, qui avait aussi été mis en dépôt dans la cour de l'Hôtel-Dieu, à fabriquer plusieurs sonneries pour différents endroits. Plus tard, c'est-à-dire en 1811, un décret impérial a permis à la ville d'aliéner le terrain et les matériaux du massif de maçonnerie qui était resté debout, et l'extrémité d'une maison bourgeoise recouvre maintenant une portion de l'emplacement qu'occupait jadis la Grosse horloge; le reste a été confondu dans la superficie de la place de Notre-Dame.

L'Hôpital des Incurables est à peu près ce qu'il

était dans le temps dont je m'occupe. Il a toujours été tenu par des sœurs grises.

Les Frères de la Charité et les religieuses Hospitalières avaient quelques lits fondés à l'intention des pauvres malades ; les premiers, 12 pour les hommes, et les secondes, 18 pour les femmes. Au coin de la rue de la Tranchée et de celle du Doyenné, dans la place où s'élève aujourd'hui une belle maison particulière, un pauvre hôpital, sous l'invocation de saint Antoine, recevait pendant trois jours les voyageurs indigents. C'était un établissement bien misérable lui-même, et où la loi de la nécessité pouvait seule faire résoudre non pas à solliciter, mais à accepter un gîte.

CHAPELLES PARTICULIÈRES.

Je ne parlerai sous ce titre que de celles qui étaient isolées : il sera question des autres, lorsque j'arriverai aux établissements dont elles faisaient partie.

Saint-Nicolas, jadis monastère, ensuite prieuré, dont l'église ne se composait plus que de l'emplacement du chœur et du sanctuaire : elle sert aujourd'hui de remise, de grange, et au besoin d'écurie pour l'auberge de la Lamproie. On y disait la messe les dimanches, et, à différentes fêtes de l'année, il s'y rendait des processions. L'entrée était par la rue des Halles, en suivant l'allée bordée de bâtiments qui conduit encore aux restes de l'édifice. Presque vis-à-vis de la maison située sur le devant, qui a été récemment reconstruite, et qui continue de porter le nom de saint Nicolas, dont la statue figure dans une niche au-dessus du balcon, un corps de bâtiment carré s'avançait sur la place actuelle des Halles, et ne laissait pour passage que la largeur d'une rue ordinaire. Dans la façade de ce bâtiment, du côté de la place Royale, s'ouvrait une grande porte donnant dans la cour d'une auberge à laquelle saint Nicolas servait aussi d'enseigne.

Le vieux, sombre et alors trop peu vaste hangar appelé les Halles, occupait une partie de l'emplacement sur lequel a été élevée la nouvelle construction. Comme dans ce temps-là les foires étaient extrêmement brillantes, et attiraient un grand nombre d'étrangers soit marchands, soit acheteurs, on avait été obligé de l'agrandir. Nos boutiques de tout genre n'étaient, à beaucoup près, ni aussi nombreuses, ni aussi bien assorties qu'aujourd'hui. Les objets d'habillement et de toilette, d'ailleurs plus solides, et moins sujets aux influences moins passagères de la mode, se débitaient à peu près exclusivement dans deux ou trois maisons de la rue de la Regratterie. Aussi les marchands forains avaient-ils la certitude de vendre tout ce qu'ils apportaient de nouveau et d'élégant ; d'autant plus que les deux foires renommées coïncidaient avec l'ouverture de chaque saison. Il en était de même pour les articles de quincaillerie, de bijouterie, et de tout ce qui tenait à l'agrément. Poitiers demeurait toujours en arrière sur une infinité de points, et payait au commerce des autres villes un tribut que le sien propre n'avait pas encore trouvé moyen de concentrer dans le pays.

SAINT-JACQUES. C'était un petit bâtiment carré, sans apparence, élevé sur la pointe de terre qui s'avance, à quelques centaines de pas au-dessus du faubourg de la Tranchée, jusqu'au point de jonction du chemin de Belle-Jouanne avec la grande route de Bordeaux.

La chapelle de Saint-Jacques, remplacée maintenant par une auberge qui en a tiré son nom, servait de but et de station pour des processions qui s'y rendaient à certaines fêtes. Elle était surtout le chef-lieu de la confrérie des pèlerins.

A Poitiers, de même que dans un très-grand nombre de villes de France, il existait une pieuse association d'ouvriers, dont plusieurs avaient fait, par suite d'un vœu, et comme pèlerinage, le voyage de Saint-Jacques de Compostelle en Galice. A ceux-là s'étaient adjoints d'autres hommes de la même classe, qui participaient avec eux à diverses observances et cérémonies religieuses. Outre ces dévotions particulières, toute la troupe, assez nombreuse, assistait aux processions solennelles en tenue caractéristique. Chaque membre portait alors sur une espèce de souquenille en toile de couleur foncée, une rotonde de toile cirée, toute garnie de coquilles, de médailles et de reliquaires en verroteries. Les chapeaux, rabattus par-derrière et relevés sur le devant, de la manière dite à la Henri IV, étaient couverts des mêmes ornements. Une ceinture en cordon noué serrait les reins; puis un bourdon, à la tête duquel pendait une gourde entourée de fleurs et de rubans flottants, complétait le costume. Les pèlerins qui avaient réellement fait le voyage d'Espagne se distinguaient des autres par un cordon passant sur l'épaule, et soutenant sur la hanche opposée une boîte en fer-blanc dans laquelle étaient déposés les passe-ports, certificats, brevets, etc., relatifs au pèlerinage. A travers les chants d'église du clergé, les pèlerins faisaient entendre des cantiques qui leur étaient spéciaux, et dont le style ainsi que le langage annonçait l'antiquité. Une croix marchait à la tête de la confrérie, qui s'était rétablie sous la restauration, mais qui a de nouveau cessé de paraître en public depuis 1830.

La chapelle de Saint-Jacques revenait très-souvent dans

les choses et les paroles. C'était, par exemple, une mesure de distance généralement consacrée, et l'on disait sans cesse en parlant d'un espace à parcourir : Il y a loin comme d'ici à la chapelle Saint-Jacques. L'indication était-elle notablement au-dessus ou au-dessous de la réalité, on fractionnait ou l'on multipliait la ligne comparative plutôt que de songer à en choisir une autre. Le vieux promeneur des hauts quartiers, qui aimait à faire, l'après-midi en hiver, et vers le coucher du soleil en été, une petite course plus prolongée que l'extrémité de Blossac, disait en sortant à sa famille ou à sa gouvernante : Je vais jusqu'à la chapelle Saint-Jacques. La femme, attendant l'arrivée de son mari qui revenait de voyage, conduisait jusque-là ses jeunes enfants au-devant de leur père.

On s'y donnait rendez-vous, quand on partait de points différents de la ville, pour faire ensemble une partie de campagne de ce côté. C'était là que le soldat rejoignant sa garnison, ou le compagnon commençant son tour de France, embrassaient pour la dernière fois les camarades qui venaient leur faire la conduite. C'était là que près de rentrer en ville, les élèves des pensionnats, achevant leur promenade, se disposaient à reprendre les rangs, et que les régiments arrivants faisaient leur toilette. La chapelle de Saint-Jacques était en un mot un point, pour ainsi dire, cardinal de l'ancien Poitiers ; elle avait des rapports tellement multipliés avec ce que j'appellerais presque l'existence usuelle des habitants, que bien qu'elle ait disparu depuis un si grand nombre d'années, j'entends parfois quelques-uns de mes contemporains, dont les jambes débiles ne pourraient plus les porter jusque sur le sol angulaire que couvrait sa modeste enceinte, répondre encore au jeune questionneur qui les consulte sur l'intervalle d'un lieu à un autre : Ma foi, j'aimerais autant aller d'ici à la chapelle Saint-Jacques.

J'ignore quel monument merveilleux, quel prodige d'architecture pourra, dans les siècles à venir, être construit aux environs de Poitiers ; mais je ne saurais lui souhaiter d'avance une destinée plus glorieuse que d'obtenir la célébrité passée de la pauvre chapelle de Saint-Jacques.

COLLÉGE.

Cet article est fort long : j'ai même craint, je ne le dissimule pas, que quelquefois il ne devînt minutieux ; mais, outre l'abondance et la variété des matières, j'ai cru qu'il était bon de bien faire connaître les changements moraux et matériels que, dans les objets, soit de grave, soit de faible importance, le temps et l'esprit du siècle ont produits sur un des points où la différence est la plus entière et la plus sensible. J'ai voulu d'ailleurs que la jeunesse elle-même pût comparer en tout, par des faits, l'éducation d'autrefois et celle d'aujourd'hui.

Le collége de Poitiers, appelé officiellement de Sainte-Marthe, du nom de famille de ses fondateurs, dépendait de l'Université. Il avait été tenu autrefois par les Jésuites, qui occupaient entièrement la maison conventuelle, dont la première cour était cependant consacrée aux classes, comme elle l'a toujours été depuis.

Quand on avait franchi la grande porte, les yeux se fixaient d'abord sur le frontispice du pavillon central, orné de sculptures parmi lesquelles se faisait surtout remarquer une niche primitivement remplie par la statue du Christ ; mais les Jésuites y avaient substitué plus tard celle de Louis XIV, en manteau royal, la couronne sur la tête, et le sceptre à la main. J'ai retenu le distique latin suivant, qu'on disait avoir été fait par un élève de rhétorique, à l'occasion de ce changement, et que je rapporte seulement comme document historique de l'époque :

> Sustulit hinc Christum, posuitque insignia regis
> Impia gens; alium nescit habere Deum.

Maintenant c'est le buste de Henri IV qui occupe la niche ; Louis XIV, réduit aux simples dimensions d'un médaillon en profil, tient plus haut l'ancienne place d'un vaste écusson aux armes de France. Cette nouvelle décoration est toute récente.

La campanille placée au sommet du pavillon contenait la cloche destinée à prévenir le portier. C'était la porte bâtarde placée sous l'arcade encore existante qui servait d'entrée, et restait toujours fermée à clef. L'étroit vantail de la première grande porte demeurait constamment ouvert, excepté pendant la nuit, et pendant la messe des écoliers. On le fermait aussi au moment des récréations, lorsque, par le beau temps, les pensionnaires venaient les prendre dans la grande cour. Sans cela, chacun pouvait à toute heure entrer dans cette cour et même s'y promener, excepté au moment des classes.

Le premier étage de l'aile droite, vis-à-vis de l'église, était entièrement occupé par la bibliothèque des Jésuites. Des volets extérieurs, soigneusement clos, garnissaient les fenêtres ; la porte, précédée d'un grand corridor, était fermée par des scellés que recouvrait une plaque de tôle, et qui n'avaient pas été dérangés depuis le départ des religieux. Dans l'intérieur de la maison, la plus élevée des chambres que contenait la tour de l'horloge renfermait aussi des livres. Ce cabinet particulier, où se trouvaient sans doute réunis les ouvrages que les supérieurs jugeaient ne pas devoir être mis dans les mains de tout le monde, et auquel, par suite, on avait donné le nom de *bibliothèque des livres défendus*, n'était pas soumis moins rigoureusement au scellé.

Au-dessus des classes qui remplissent à droite et à gauche le bâtiment d'entrée, régnaient deux vastes salles demeurées sans emploi, et qui n'étaient jamais ouvertes. J'y pénétrai une fois par occasion extraordinaire, pendant que j'étais en pension au collége; je vis dans chacune des deux un autel, et je remarquai que les lambris de bois formant voûte étaient couverts de peintures qui représentaient divers attributs. C'était là que les Jésuites rassemblaient, pour des exercices et des instructions particulières, deux confréries composées l'une d'ouvriers, et l'autre d'hommes d'une classe supérieure. On appelait, m'a-t-on dit, la première, congrégation des artisans, et la seconde, congrégation des messieurs. Les lieux de ces réunions avaient conservé la dénomination générique des sociétés qui s'y rendaient, et, en parlant des salles dont il s'agit, on disait: *les congrégations*. Tout cet énorme dépôt de livres, tous ces vastes appartements tenus depuis tant d'années sous l'interdit le plus absolu, servaient bien souvent de texte à nos conversations d'écolier. Avant que la bibliothèque publique, formée, depuis la révolution, aux dépens de celles des couvents de Poitiers et des châteaux environnants, fût placée dans le local qu'elle occupe aujourd'hui, on l'avait établie dans la salle des *congrégations*, à droite en entrant. On y montait par un escalier placé sous le porche.

L'enseignement du collége se distribuait ainsi entre

les professeurs, tous prêtres : deux chaires de théologie ; deux de philosophie, l'une de logique et l'autre de physique ; une de rhétorique ; une de seconde ; une de troisième ; une de quatrième ; une de cinquième.

Le cours complet de théologie comprenait trois années d'études, et celui de philosophie deux seulement. Les professeurs de philosophie suivaient les élèves de logique en physique ; ceux de théologie donnaient leurs leçons l'un le matin, l'autre le soir.

Les professeurs étaient rétribués par le gouvernement, sur ce qu'on nommait les économats, avec les anciens revenus des Jésuites. Les écoliers ne payaient absolument rien pour l'enseignement dans aucune classe. Mais comme il n'y avait pas de chaire fondée au-dessous de la cinquième, lorsque, très-peu d'années avant la révolution, un cours de sixième fut établi, on soumit les élèves qui le fréquentaient à une rétribution pour former le traitement du maître.

L'instruction gratuite rendait le nombre des externes fort considérable. Obligés, pour arriver à temps, de devancer l'heure d'ouverture, ils l'attendaient soit dans la cour, soit sous le porche, soit dans la rue. Personne ne restait au milieu d'eux pour maintenir l'ordre : le sous-principal se tenait bien, un peu avant l'entrée, et pendant la durée des classes, dans l'appartement situé tout au fond de la cour à droite, et appelé la préfecture; mais il n'intervenait que lorsqu'il entendait de lui-même quelque bruit extraordinaire, ou que des plaignants venaient invoquer son autorité. La portion d'écoliers qui demeurait en dehors de la grande porte n'était donc soumise à aucune surveillance, et ce n'était cependant pas celle qui en avait le moins de besoin ; aussi beaucoup de gens évitaient-ils, autant que possible, la rue du Collége, surtout dans les temps de neige, alors bien plus fréquents et plus prolongés qu'aujourd'hui. Il n'était pas très-rare, en effet, qu'un paisible passant se trouvât atteint de projectiles qui ne lui arrivaient pas toujours par suite d'une maladresse ou d'une méprise.

On apprenait uniquement au collége du latin. Point de grec, point de grammaire, point de géographie et d'histoire anciennes, outre ce qui se trouvait par fragments et sans suite dans les auteurs expliqués ; point du tout d'histoire et de géographie modernes ; point de mathématiques, excepté des notions élémentaires on ne peut pas plus bornées au commencement de la physique. En un mot un élève qui aurait fait ce qu'on voulait bien appeler de brillantes études, sans savoir d'ailleurs autre chose que ce qu'on lui aurait enseigné dans ses classes, se serait trouvé beaucoup au-dessous de l'examen des instituteurs primaires même du degré inférieur, puisque le latin, composant seul son avoir scientifique, n'aurait pu lui servir de rien. Ne donne-t-on pas aujourd'hui dans l'excès contraire ? Ce serait un point à examiner.

Il y avait dans la classe de cinquième cinq croix, et trois siéges assez élevés, faits en forme de fauteuils à bras, mais en planches, pour les élèves qui obtenaient les trois premières places. On montait par des marche-pieds à ces fauteuils appelés chaires : des deux côtés du siége principal il s'en trouvait d'un peu plus bas, mais encore au-dessus des bancs ordinaires. C'était là que se plaçaient par rang les numéros 4, 5, 6, etc., jusqu'au neuvième. En quatrième, les croix étaient réduites à trois, et les chaires à deux. En troisième, il n'y avait plus que deux croix, et point de chaires : le premier s'asseyait sur le banc à droite de celle du professeur, le second sur le banc à gauche, et ainsi de suite. En seconde, il n'y avait plus qu'une croix, et en rhétorique pas du tout. Ceux qui obtenaient les croix à la dernière composition de l'année, les gardaient pendant les vacances. Ces différentes distinctions venaient des Jésuites, qui qualifiaient les élèves occupant les hautes chaires, de *primus, secundus, tertius imperator*. Quelques-unes des croix, qui n'avaient été ni perdues, ni échangées, conservaient encore le monogramme du Christ, servant, pour ainsi dire, d'armoiries à la société.

On n'avait dans aucune des classes ni feu, ni aucun support ou table pour écrire. Il se trouvait même des bancs devant lesquels il n'existait pas de marchepied en bois, et où l'on ne pouvait être placé sans que la chaussure reposât sur le pavé. Aussi les engelures, surtout au talon, étaient-elles fort communes.

La messe avait lieu tous les jours, et tout le monde était obligé d'y assister. Arrivées à la place qui leur était assignée, les différentes classes se tenaient à genoux sur le pavé, sans aucun appui, aux moments et pendant le temps prescrits. Le professeur, placé près de ses élèves rangés sur plusieurs lignes, restait debout, et se mettait à genoux comme eux, sans avoir non plus rien devant lui. Dans les grandes occasions, le drapeau de chaque classe attaché au mur flottait en avant du premier rang. Ces drapeaux, en taffetas, et aussi grands que ceux des régiments d'infanterie, offraient des couleurs variées et des dispositions différentes, quant à la croix du milieu et aux quartiers qui l'accompagnaient. La cinquième et la quatrième avaient le bleu, le jaune et le blanc; la troisième, le vert foncé, le blanc et l'amaranthe; la seconde et la rhétorique, le blanc, le rose et le vert clair. L'institution des drapeaux et les drapeaux eux-mêmes venaient des Jésuites.

Les cinq cours de latin et les deux de philosophie se distribuaient par groupes de chaque côté de la nef : les théologiens se rangeaient autour de la balustrade du sanctuaire. C'étaient les deux élèves occupant les deux premières places de rhétorique qui servaient la messe, et, chaque samedi, on avait bien soin de regarder quel était celui qui tournait le livre en qualité de second, parce que la sonnette et les burettes appartenaient de droit au premier. A la fin de la messe, un des théologiens entonnait le *Domine salvum fac regem*, que tout le monde chantait à grand chœur. Pendant ce temps-là, le portier venait ouvrir la porte intérieure de l'église, par laquelle sortait la foule entière des externes, sans repasser dans la cour.

En cinquième et en quatrième, on récitait individuellement, avant chaque leçon, un verset des Proverbes de Salomon, des Maximes de la Sagesse, et autres extraits de l'Ecriture Sainte, imprimés ensemble exprès pour cet usage dans un petit livre désigné sous le nom générique de *Maximes*. En troisième, en seconde et en rhétorique, on disait un verset de l'évangile du dimanche suivant. Le samedi, à la classe du soir, il y avait récitation du texte du catéchisme, jusqu'à la troisième inclusivement. A la fin de chaque mois, tous les élèves, rhétoriciens compris, devaient apporter un billet de confession. Le défaut d'accomplissement de cette obligation entraînait l'exclusion de la classe, jusqu'à ce que la pièce exigée eût été fournie.

Les compositions avaient lieu le vendredi soir; le samedi matin était consacré à la récitation de toutes les leçons de la semaine, puis à la distribution des places de la composition qui avait été faite huit jours plus tôt. Le soir on reprenait toutes les explications. Ces récapitulations se nommaient *semainées*.

Les compositions pour les prix occasionnaient un dérangement complet de l'ordre accoutumé. Aux jours indiqués, la porte du collége se fermait irrévocablement à l'heure matinale dont la fixation était solennellement annoncée. On allait à la messe du Saint-Esprit, après laquelle une demi-heure était accordée pour le déjeuner. Ordinairement une seule marchande se tenait sous le porche, assise sur les premières marches de l'escalier des *congrégations*, avec un panier de fruits et un de pâtisseries, pour allécher les petits gourmands qui avaient quelques sous à dépenser; mais, dans les grands jours dont je parle, devant le pavillon du fond s'étalaient plusieurs tables chargées de friandises et même de comestibles plus solides, destinés à satisfaire les fantaisies et les besoins réels, parce que, sous peine de perdre sa composition, personne ne pouvait sortir de la cour avant le signal donné par l'horloge et la cloche des exercices. Aucun professeur ne faisait composer dans sa propre classe et n'assistait à la correction des devoirs de ses élèves, afin d'éviter tout soupçon d'écriture reconnue et d'influence exercée par lui. Assez ordinairement le professeur de cinquième allait en rhétorique, et les autres redescendaient d'un degré.

Les classes ordinaires étaient de deux heures. Les cours de théologie et de philosophie entraient une demi-heure plus tard, mais tous sortaient ensemble.

Les vacances de la physique avaient lieu vers la fin de juin, à cause des thèses publiques à soutenir; celles de logique et de théologie venaient un peu après, mais à des époques différentes. Les basses classes vaquaient aux approches de la Saint-Louis (25 août). A partir des vacances de la physique, il y avait congé pour les autres cours le mardi et le jeudi. La rentrée générale était fixée au lendemain de la fête des Trépassés.

Les punitions étaient les pensums, la mise à genoux, les férules distribuées par le professeur, les coups de discipline donnés dans les mains par le portier, puis le fouet appliqué par le même ministre des arrêts émanés de la chaire toujours dictatoriale en pareil cas. La férule du professeur était une sorte de semelle de cuir d'un doigt d'épaisseur, et la discipline du correcteur un assemblage de cordes nouées réunies autour d'un manche de bois. Une conspiration permanente et générale existait contre ces deux instruments; il n'y avait pas de tours qu'on n'imaginât pour s'en saisir, et une ovation universelle, quoique prudemment concentrée, célébrait le succès. Pendant tout le temps que j'ai fréquenté le collége, l'exécuteur, de ce que nous nommions *les basses œuvres*, a été un vieux militaire, nommé Gobert, décoré du médaillon orné de deux épées en sautoir qui formait la croix de Saint-Louis des soldats. Son nom seul était un épouvantail; on citait comme des héros ceux dont le courage parvenait à comprimer totalement jusqu'à l'apparence d'une larme, lorsque le professeur laissait échapper à leur intention ces terribles paroles : Allez chercher Gobert. Les Jésuites, m'a-t-on dit, poussaient l'emploi de la terreur plus loin, et c'était le patient lui-même qui était contraint d'aller requérir la main chargée de venir lui infliger publiquement le châtiment prononcé (1). Au surplus, notre bonhomme Gobert aimait le tabac et l'eau-de-vie ; aussi les élèves sujets à tomber sous sa patte avaient soin de la graisser de temps en temps, afin que non-seulement il frappât moins fort, mais même qu'il dirigeât ses coups de martinet de façon à ce que le banc voisin en reçût la plus grande partie. Comme, à raison de la décence, la cérémonie du fouet se passait dans un coin obscur et désert de la classe, ces petits accommodements devenaient assez faciles dans l'exécution. La cinquième et la quatrième jouissaient de la plénitude complète des dispositions variées du code pénal exprimé ci-dessus ; mais il y avait en troisième une grande économie de coups de discipline et de fouet. En seconde, la férule même du professeur ne se montrait que dans de rares et grandes circonstances. Les rhétoriciens étaient tenus au simple régime des pensums, que suivait l'exclusion, après une succession de récidives trop multipliées.

Ordinairement cette exclusion n'avait d'effet que sur celui qui devait la subir, d'autant plus qu'ainsi qu'on le pense bien, de pareils coups ne frappaient pas les bons écoliers ; mais pour faire voir à quel point l'esprit d'indépendance, d'insubordination, de révolte même contre toute espèce d'autorité, s'était répandu partout dans les commencements de la révolution, je vais rapporter une anecdote dont la fin dégénère en véritable

(1) Nous chantions par tradition cette parodie d'un verset du *Stabat*, faite du temps des bons pères :

        Quis est iste qui non fleret
        Suas clunes si videret
        In manus du pèr' Préfet?

Le sous-principal de notre temps s'appelait Préfet chez les Jésuites.

farce, après avoir tristement montré dans le principe quelles idées s'étaient emparées de la jeunesse, ou plutôt de ce qu'on appelait alors l'adolescence, et quelles suites on devait attendre de semblables préliminaires.

Je faisais ma logique en 1790. Ce cours était toujours le plus nombreux du collége : on y comptait chaque année plus de cent élèves. Dès l'ouverture, nous nous étions montrés fort indisciplinés ; nous étions d'autant mieux entretenus dans la persuasion de notre importance, que nous voyions quelques-uns de nos plus grands condisciples venir s'asseoir dans nos rangs avec la tenue militaire, les uns de volontaire national, et les autres d'étudiant en droit. (On pouvait alors suivre à la fois les cours du collége et ceux de la faculté.) L'ordre était continuellement troublé, et, par suite, le travail à peu près nul. Le professeur crut porter un remède à ce double mal par un acte de fermeté rigoureuse, ou plutôt, pour appeler les choses par leur véritable nom, de stricte justice. Il renvoya un écolier aussi paresseux que turbulent, et qui, de plus, lui manqua personnellement un jour de la façon la plus grossière. Après la classe, deux ou trois de ces têtes ardentes, qui, parmi les enfants, comme parmi les hommes faits, exercent une influence d'autant plus puissante que personne ne s'en rend compte, emmenèrent à peu près la totalité des élèves à Blossac. Là il fut décidé que l'expulsion prononcée le matin était un acte d'iniquité et de tyrannie qu'il ne fallait pas souffrir ; que le banni se représenterait l'après-midi, et que, si son exil était maintenu, tout le monde sortirait avec lui.

En effet, à peine étions-nous assis, que la porte s'ouvre, et que le proscrit paraît. Aussitôt il reçoit l'injonction de se retirer : un dialogue s'établit, puis les paroles ne concluant rien, le professeur semble vouloir joindre l'action au discours. Des orateurs se lèvent, entament une discussion qui devient tumultueuse, et tout à coup du milieu de la confusion des voix se fait entendre le cri : S'il sort, allons-nous-en. Une fois arrivée là, l'autorité ne pouvait pas, à moins de prononcer elle-même sa déchéance, céder aux exigences de la rébellion. L'arrêt fut donc confirmé, et au bout de deux minutes, il n'y avait plus en face les uns des autres dans la classe que le professeur et les bancs.

Le lendemain matin, le lendemain au soir, tout se passa comme la veille; le surlendemain, le principal vint en grand costume faire une accumulation combinée d'exhortations morales et affectueuses, de promesses séduisantes, et de menaces hypothétiques, mais le tout sans obtenir de résultat différent. Enfin, après quelques répétitions de la même scène, nous arrivâmes à nous demander quel serait le dénouement : plusieurs commencèrent à se relâcher un peu de cette héroïque énergie romaine déployée jusqu'alors deux fois par jour à Blossac dans une retraite du Mont-Sacré, qui devenait visiblement de moins en moins nombreuse. Le Sicinius de l'aventure, sentant que, s'il voulait continuer à produire de l'effet, il devait varier son attitude, dit aux membres de la dernière réunion : Rentrez tous en classe, continuez d'y aller, et laissez-moi faire.

La consigne fut exécutée ; puis au bout de la première demi-heure, nous vîmes arriver l'expulsé, qui, du ton le plus grave et de l'air le plus composé, entama, en faisant l'aveu de ses torts dont il demandait humblement pardon, un interminable discours que le professeur, d'abord triomphant, reconnut bientôt pour un persiflage. Alors il voulut l'interrompre en prenant le langage de l'autorité, sans que l'autre, parlant toujours, s'écartât le moins du monde des égards, de la déférence et du respect. A la fin il se retira après un débat qu'il sut rendre très-comique, et dont le souvenir donna au reste du temps de la classe une teinte d'hilarité que rien ne put effacer.

A la suite d'autres apparitions motivées sur divers prétextes plus ou moins bizarres, c'est un beau matin avec un maintien de componction profonde et son mouchoir à la main, que notre homme, s'avançant vers le professeur, lui dit en prenant une voix larmoyante : Mon cher maître ! vos sages avis ont porté leur fruit ; je vais auprès de ma famille déplorer mes erreurs ; mais je me regarderais comme un monstre d'ingratitude, si je n'étais pas venu vous faire mes remercîments et mes adieux. Permettez-moi donc d'avoir l'honneur de vous embrasser !... En même temps il s'élance à la chaire, et malgré la plus vive opposition en paroles et en gestes, le professeur est obligé de recevoir une double accolade. Tout en se débattant, il tâche d'entraîner le prétendu voyageur si expansif vers la porte ; mais celui-ci, résistant de toute sa force, s'écrie avec transport : Oh monsieur ! et mes bons camarades!... Puis le voilà qui, toujours suivi de son satellite dont la main le tirait par le collet, se mit à nous embrasser à la ronde. Cependant les éclats bruyants de notre gaîté, la colère sans cesse croissante du professeur, la violente envie de rire que le distributeur de baisers ne pouvait pas complètement maîtriser, l'empêchèrent d'achever la tournée entière, et à la suite d'une vingtaine d'embrassades individuelles, il nous fit un tendre adieu collectif.

Il essaya bien de revenir encore ; mais après cette représentation d'un si grand effet, toutes les autres parurent pâles et insignifiantes. D'ailleurs le temps du héros était fini, c'était un personnage usé; il le comprit, et nous ne le revîmes plus.

Cet épisode si bien d'accord avec les perturbations de tout genre qui signalèrent l'époque où les circonstances du moment pouvaient seules faire tolérer un semblable désordre, ne contribua pas peu à augmenter la désorganisation qui régnait déjà dans les études. Aussi plusieurs élèves furent-ils successivement retirés du collége par leurs parents, et je me trouvai du nombre.

Le pensionnat était sans importance. L'uniforme, porté seulement par les élèves des classes inférieures, consistait dans un habit bleu, doublé de rouge, avec deux petits galons d'argent espacés à un doigt de distance autour des parements et du collet. Les grands jeunes gens conservaient le costume bourgeois. Après le départ des Jésuites, des laïques et même des hommes mariés avaient exercé l'emploi de principal; mais je n'ai jamais vu ces fonctions, ainsi que celles de sous-principal, remplies par d'autres que des prêtres. De jeunes ecclésiastiques qui faisaient leur théologie servaient de maîtres d'études, appelés alors sous-maîtres.

Les pensionnaires étaient soumis, pour la discipline intérieure, à toutes les punitions usitées dans les classes. Il y avait de plus la *pénitence*, qui consistait à rester pendant une partie ou la totalité de la récréation, soit assis, soit debout, soit à genoux, seul dans un coin, suivant la gravité du cas; puis aussi le *petit couvert*, table particulière et sans nappe au milieu du réfectoire. Les condamnés à cette peine la subissaient tantôt assis, tantôt à genoux, avec ou sans accompagnement de pain sec et d'eau.

Le principal et le sous-principal mangeaient au réfectoire en même temps que les pensionnaires, à une table séparée, et placée dans le bout de la salle. C'était autrefois celle des supérieurs de la communauté. Comme les élèves n'étaient pas nombreux, ils ne s'asseyaient que sur les bancs adossés à la muraille, ainsi que le faisaient jadis les religieux. Un livre d'histoire était lu à haute voix dans la chaire pendant tous les repas ; mais on n'interrogeait personne sur cette lecture purement de forme.

Les pensionnaires entendaient la messe tous les jours de congé ; le catéchisme avait lieu le dimanche et le jeudi pour ceux qui n'avaient pas fait leur première communion. On chantait les vêpres dans la chapelle, mais à huis clos, les dimanches et les fêtes. Le public pouvait assister à la messe du pensionnat. Pendant les exercices religieux où l'on réunissait seulement les pensionnaires, ils étaient tous placés dans le sanctuaire sur des bancs sans dossier, au devant desquels il n'y avait point de marchepied, et ils se mettaient à genoux sur le pavé. On ne faisait jamais ni grandes instructions générales, ni sermons, excepté dans des occasions tout à fait extraordinaires, comme, par exemple, des retraites de plusieurs jours auxquelles le collége entier assistait ; mais ce genre d'exercices ne se renouvelait pas tous les ans.

L'église était dans l'état où l'avaient laissée les Jésuites. Les cinq chapelles latérales avaient des autels. Ceux des quatre qui font symétrie étaient très-ornés de sculptures et de dorures, et consacrés à des saints de la compagnie de Jésus, représentés en statues ou en tableaux. Par une singularité peut-être assez remarquable, il ne se trouvait point de chapelle de la sainte Vierge. Le grand autel et les quatre autels des côtés avaient, pour les fêtes solennelles, des devants brodés en jais d'une véritable magnificence. Une belle balustrade en bois, s'élevant à la hauteur du piédestal des grands pilastres engagés dans les murs, fermait l'enceinte des quatre chapelles. Un socle en planches servait de banc tout autour de la nef. L'intérieur des chapelles était doublé en entier de boiseries qui recouvraient non-seulement les murs, mais même la voûte. La première, à gauche en entrant, avait des panneaux de différentes formes dorés sur les moulures et ornés de fleurs peintes en couleur. Dans la seconde du même côté, on voyait de grands monogrammes richement sculptés en bois de chêne sans aucune peinture. La garniture des deux du côté droit se composait de panneaux carrés chargés d'emblèmes sculptés, peints et dorés. J'en ai reconnu des fragments qui ornent la chaire du couvent actuel des Carmélites, ainsi que l'autel qui se trouve à droite en entrant; ils sont maintenant peints d'une seule couleur et sans dorure.

La chaire du collége était vaste et belle, de forme carrée, entièrement recouverte de dorures et de sculptures. Le prédicateur y arrivait par la grande cour, et aucun escalier ne paraissait dans l'église. La petite chapelle à gauche, vis-à-vis de la porte qui communiquait avec la cour des classes, avait un retable assez simple en bois de couleur naturelle, et orné d'un tableau représentant la Fuite en Egypte.

Dans le pavé de la nef, aussitôt que l'on avait descendu la marche du sanctuaire, on rencontrait une grande tombe de marbre noir, dont l'épitaphe latine était gravée en lettres d'or. Je ne me rappelle pas le nom de celui qui reposait sous cette pierre sépulcrale : je crois me souvenir seulement qu'il appartenait à la finance ou à l'administration. Au surplus, ce bloc de marbre a été employé à faire la cheminée du grand salon actuel des appartements du proviseur, et des écriteaux pour les classes du lycée. Ceux-ci ont été enlevés depuis l'augmentation du nombre des cours et la différence établie dans leur distribution ainsi que dans leur nomenclature.

Je pourrais ajouter sur le collége d'autres détails ; mais je craindrais de retomber dans ceux que contient une notice imprimée par la Société des antiquaires de l'Ouest, sous le titre de *Souvenirs de l'ancienne Université de Poitiers*, et le but que je me propose ici est surtout de ne pas offrir purement et simplement ce qu'on peut trouver ailleurs.

Lors de la convocation provinciale pour la nomination des députés du Poitou aux états généraux en 1789, la chapelle du collége fut remplie d'échafaudages et de gradins, et servit de lieu de rassemblement général des trois ordres présidés par le grand sénéchal en costume du temps de Henri IV. Le tiers état continua d'y siéger, lors de la séparation pour les travaux particuliers. Le clergé et la noblesse se réunirent chacun de leur côté dans les salles des *congrégations*.

Plus tard, la chapelle du collége devint le principal club, puis ensuite la salle décadaire. Ce qui paraît véritablement incroyable, c'est qu'étant employée à l'usage le plus révolutionnaire dans le temps de la terreur, les métaux et les autres matières de valeur réelle qui composent le tabernacle, les tableaux qui garnissent le sanctuaire, les statues et les ornements sculptés et dorés qui décorent le rétable, n'aient pas souffert la plus petite dégradation, sauf le grattage et le barbouillage de quelques armoiries. Et cependant toute la populace, et surtout ceux qui l'excitaient chaque jour à briser ce qui pouvait rappeler des idées religieuses, avaient continuellement sous les yeux une réunion aussi remarquable que possible des objets qui partout ailleurs avaient enflammé leur furie. Un simple rideau d'indienne, qui servait autrefois à voiler le fond de l'autel, quand il n'était pas paré pour la célébration de quelque fête, pendait à moitié ouvert au devant de l'arcade du sanctuaire, et couvrait d'une manière bien incomplète l'assemblage précieux qu'une sorte de miracle semblerait avoir seul préservé de la destruction si tristement irréparable de tant d'autres ouvrages curieux.

La superbe sacristie a été aussi respectée, sauf quelques emblèmes royaux sculptés. On avait fait disparaître des ornements du même genre qui couvraient les portes d'entrée de la chapelle ; mais là, comme dans la sacristie, ceux qui ne se rapportaient qu'à la religion n'avaient pas été endommagés. Il en est de même pour la porte extérieure de l'église des Augustins, si ouvertement exposée à tous les regards dans un des endroits qui n'ont jamais cessé d'être les plus fréquentés de la ville ; on y voit encore des ostensoirs et des symboles de dévotion entièrement exempts de la plus légère égratignure. Qu'on explique donc, si l'on peut, l'extravagance toujours si inconséquente des moments de bouleversement dans l'ordre social !

Tandis qu'en 1830 on poursuivait avec une ardeur infatigable tout ce qui pouvait ressembler à des fleurs de lis, au point de grimper à la cime des clochers pour briser les fleurons des croix qui les surmontaient, c'était la fleur de lis la mieux découpée possible qui formait l'aiguille du cadran de la salle des pas perdus au Palais de Justice ! Et personne n'a songé à elle, personne ne l'a peut-être remarquée, excepté moi, jusqu'à ce qu'il y a très-peu de temps, on ait changé la vieille horloge pour une nouvelle !

Le Puygarreau était autrefois le pensionnat des Jésuites. Il ne communiquait pas avec la maison des religieux par la poterne qui traverse maintenant la rue, et qui est une construction faite lors de la création des lycées. Le passage était souterrain et voûté. Un éboulement opéré il y a plus de trente ans sous le poids d'une charrette, estropia mortellement le cheval. Je me présentai pour passer en voiture sur le lieu de l'accident, précisément comme il venait d'arriver ; si je fusse parti deux minutes plus tôt, c'eût sans doute été moi qui l'aurais occasionné et subi.

Depuis le départ de la compagnie de Jésus, le Puygarreau, dont la chapelle avait été prise pour loger l'école de dessin, était devenu le magasin des effets militaires et des objets nécessaires au casernement des troupes. La cour servait quelquefois pour des combats d'animaux et autres spectacles forains. Je tiens de témoins oculaires qu'une troupe de sauteurs, qui faisait là ses exercices, avait annoncé pour la clôture qu'un petit cheval, qu'on eut bien soin de promener en ville au son du tambour, descendrait sur une corde roide du haut du bâtiment. Grande fut l'affluence curieuse; plus grande fut l'attente impatiente, en trouvant un câble attaché par un bout à la charpente, et amarré par l'autre au sol ; mais aussi, en revanche, très-grand fut le dépit de la mystification, lorsqu'on vit paraître à la fenêtre du second étage le petit cheval attaché, par des sangles qui lui passaient sous le ventre, à une poulie qu'un cordage de conduite guida tout doucement jusqu'à ce que les pieds de l'animal vinssent toucher la terre. Les uns se mirent à rire, les autres voulurent se fâcher ; mais en aidant un peu à la lettre, et surtout dans une enceinte provenant de la congrégation à laquelle avait appartenu Escobar, le tour était fait.

Les réunions de danse formées à Poitiers sous le nom de *redoutes* avaient lieu au Puygarreau, et voici quelle fut l'occasion qui leur donna naissance. Chaque semaine pendant l'hiver il y avait à la salle de comédie un *bal public*, auquel était admise, en payant, toute personne connue, ou au moins d'un extérieur convenable. Des femmes de la société que ne fréquentaient pas habituellement les étudiants en droit, ayant eu à se plaindre des manières impolies de quelques-uns d'entre eux, il s'ensuivit des querelles, des duels et des animosités plus prononcées que jamais. Alors les dames offensées et tous ceux qui tenaient à elles abandonnèrent en masse le bal public, et l'on établit par souscription des soirées dansantes où les abonnés pouvaient seuls se présenter. Bientôt le souffle révolutionnaire se fit sentir, et les redoutes s'évanouirent.

SÉMINAIRES.

Le grand séminaire qui est devenu l'Hôtel-Dieu, et le séminaire de Saint-Charles, appelé petit séminaire, dont on a fait une caserne d'infanterie, étaient également tenus par la congrégation des Lazaristes. Les aspirants au sacerdoce passaient un peu plus d'un an dans le premier, où ils ne pouvaient entrer qu'après avoir fait au moins deux années d'études théologiques. Ils restaient dans le second trois ans, pendant lesquels ils suivaient les cours de théologie des Jacobins, tout en recevant successivement les ordres sacrés. On avait donc en tout un temps notable à gagner en choisissant le petit séminaire, et c'était le parti que prenaient plusieurs des jeunes gens dont les familles n'habitaient pas Poitiers, à moins qu'ils n'entrassent dans quelque maison comme précepteurs durant leurs trois années de théologie, soit aux Jacobins, soit au collége.

Le grand séminaire avait une jolie église, et le public y était admis. Le service divin se célébrait, au séminaire de Saint-Charles, dans une salle basse où l'on ne parvenait qu'après avoir traversé la sacristie. Aucun étranger à la maison n'était reçu dans cette chapelle, qui n'avait pas d'ouverture communiquant avec la rue.

Le Petit-Château, domaine situé près de Saint-Benoît, était la maison de campagne du grand séminaire, et Chaumont, qu'on voit sur le haut d'une colline près de Croutelle, celle du petit. Ces deux propriétés appartiennent maintenant à des particuliers.

Quoi qu'on en dise quelquefois, la justice oblige de reconnaître que la population présente ne se montre pas, dans les habitudes de la vie, plus hostile envers le clergé que celle de l'époque dont je parle. Les égards extérieurs sont même, sous quelques rapports, mieux observés. Il était inouï jadis que l'un des deux séminaires passât en troupe dans les rues, sans que les groupes d'enfants du peuple ou les bandes d'écoliers qu'il pouvait rencontrer, ne le poursuivissent des cris de *couac, couac*, ou *grolles, grolles* (nom vulgaire donné aux corbeaux). Aujourd'hui je vois souvent les séminaristes traverser la ville, sans attirer plus l'attention que les autres passants. Sans doute c'étaient des enfants qui se livraient à ces agressions assez insignifiantes au fond par elles-mêmes ; mais leur constante exactitude à les renouveler chaque fois que l'occasion s'en présentait, annonçait non-seulement que les parents ne les blâmaient pas, mais même que vraisemblablement ils étaient au contraire les premiers à en rire, et se vantaient d'en avoir fait autant dans leur jeunesse.

HOTEL DE VILLE.

L'administration municipale se composait du maire, du lieutenant de maire, appelé aussi major de ville, sans doute parce qu'il avait ce grade militaire dans la milice bourgeoise, d'un certain nombre d'échevins, d'un procureur du roi et d'un greffier. En 1771, le roi avait établi en titre d'office la charge de maire de Poitiers, à laquelle il nommait lui-même. Elle avait été autrefois élective.

Les maires et échevins de Poitiers étaient jadis, par le seul fait, anoblis à perpétuité, eux et leurs descendants. Plus tard, cette faveur fut restreinte au maire seul, et enfin il fallut vingt années d'exercice pour avoir droit à l'obtenir. C'est ce qu'on appelait vulgairement *noblesse de cloche;* celle qui résultait de certaines charges achetées, et remplies pendant un nombre fixé de générations, recevait la dénomination burlesque de *savonnette à vilain;* la plus estimée était la *noblesse d'épée* ou acquise par des services militaires. Hors de ces catégories, et pour différents motifs, le roi faisait aussi des nobles qu'il choisissait parmi les membres d'anciennes et bonnes familles bourgeoises, qui, suivant l'expression consacrée, *vivaient noblement.* On prenait quelquefois ce parti dans des moments d'embarras du trésor de l'Etat, et on exigeait une finance des nouveaux anoblis.

Un échevin de Poitiers, encore revêtu de cet emploi peu de temps avant la révolution, et très-connu par son naturel facétieux, avait reçu autrefois des lettres de noblesse du genre des dernières dont je viens de parler. Peu de temps après que l'honorable parchemin armorié eut pris place dans ses archives, il vit paraître un beau matin certain édit royal astreignant tous les anoblis depuis telle époque dans laquelle il se trouvait compris, à verser comme subvention personnelle et spéciale, sous un assez bref délai, la somme de trois mille francs. Cette nouvelle lui fut, comme on le pense bien, tout au plus agréable à demi, et il ne se gênait pas d'en exprimer plaisamment tout haut sa mauvaise humeur, chaque fois que l'occasion se présentait. Le hasard voulut que, pendant ses jours de mal au cœur, il assistât au spectacle à une comédie dans laquelle Henri IV anoblissait au dénouement l'un des personnages. Alors il s'écria de façon à être entendu de la salle entière : Voilà un gaillard tout aussi avancé que moi ! il ne se doute pas que demain on lui demandera mille écus....; Je n'ai pas besoin de dire, j'en suis persuadé, qu'aucun des traits de la pièce n'avait excité un éclat de rire aussi franc et aussi universel que celui qui accueillit cette boutade.

Une porte bâtarde, sans rien de digne et de monumental, servait d'entrée à l'Hôtel de ville, avant que l'on eût construit, il y a plus d'une trentaine d'années, la façade qui s'étale aujourd'hui en point de perspective, vis-à-vis de la rue Neuve.

On voyait à droite, au fond de la cour, la chapelle appelée très-anciennement aumônerie. Le retable de l'autel, composé d'une boiserie dans laquelle étaient placés trois tableaux représentant le Sauveur sur la croix, la sainte Vierge et saint Jean, a été transporté à Saint-Hilaire, où il orne l'extrémité de l'église, derrière le chœur.

La grande salle actuelle était celle des cours d'enseignement de la faculté de droit. La chambre du conseil des professeurs se trouvait vis-à-vis.

Il fut question, au commencement de 1789, de transférer au Puygarreau tout ce qui concernait cette école. Des démarches sérieuses et actives eurent lieu dans ce sens ; mais elles furent interrompues par la perturbation générale que la révolution vint mettre dans toutes les branches de l'enseignement public.

Je supprime pour l'école de droit, comme je l'ai fait pour le collége, les détails contenus dans la notice imprimée par la Société des antiquaires sous le titre déjà cité de *Souvenirs de l'ancienne Université de Poitiers*.

La salle de la mairie était placée à l'étage supérieur, dans le corps de bâtiment de la chapelle. C'est celle où ont siégé pendant un certain temps les juges de paix, et où l'on veut maintenant établir un musée de tableaux.

La chapelle est devenue le dépôt des canons et le magasin d'autres objets municipaux, destinés aux illuminations publiques, ou dépendants du service des pompes à incendie.

Autrefois la ville de Poitiers était à peu près totalement privée du précieux secours de ces machines si utiles. Il n'y en avait qu'une ou deux, dont leur état de vétusté et de dégradation empêchait d'user avec quelque succès. D'ailleurs, comme, à défaut d'un corps de pompiers organisés, c'étaient les premiers venus qui entreprenaient de les faire jouer, leur effet demeurait presque toujours à peu près nul. En 1785, M. Boula de Nanteuil, intendant de la généralité, fit cadeau à la ville de Poitiers de deux pompes neuves. Alors on s'occupa d'établir et d'exercer une compagnie régulière de pompiers, composée d'ouvriers en bâtiments, et capable par conséquent de rendre avec efficacité les services que l'on avait droit d'attendre d'une institution de ce genre. Mais on oublia, dans le choix des officiers, que ce n'était pas le tout d'avoir des subordonnés propres à l'emploi dont on les chargeait, et qu'il devenait au moins aussi important de leur donner des chefs dont l'expérience spéciale et surtout les courageux exemples pussent diriger habilement leur bonne volonté en soutenant constamment leur hardiesse. Au lieu des architectes et des entrepreneurs, auxquels il semblait naturel de remettre la conduite d'hommes dont ils parlaient le langage, dont ils connaissaient la capacité, et qui étaient accoutumés à leur obéir avec confiance, on prit pour capitaine un très-digne échevin, pour lieutenant un avocat en parlement, imprimeur du roi, directeur des Affiches du Poitou, tous deux d'un âge déjà mûr; les sous-lieutenants furent un notaire et un maître de dessin. Au milieu des dangers et des embarras d'un incendie, de tels commandants se trouvaient, vis-à-vis de ceux à la tête desquels ils auraient dû monter aux échelles et courir sur les toits, absolument dans la même position, sauf la différence des deux éléments, qu'une poule qui, menant un troupeau de petits canards, les voit se jeter dans une pièce d'eau, sans pouvoir les guider et même les suivre. Ainsi donc, ceux auxquels il appartenait de payer le plus de leur personne dans ces terribles circonstances, demeuraient à peu près réduits au rôle de simples spectateurs.

Parmi les plus graves malheurs causés par le feu, que, de mémoire d'homme, la ville de Poitiers ait éprouvés avant la révolution, il faut citer d'abord l'embrasement qui se manifesta avec une affreuse violence sur la place de Notre-Dame, détruisit plusieurs maisons, et se serait communiqué aux bâtiments de l'Hôtel-Dieu, ainsi qu'à la tour de la Grosse horloge, sans le talent supérieur et l'infatigable énergie que déploya un frère quêteur des Capucins, qui se tint pendant plusieurs heures au plus fort du péril, et ne cessa pas de servir de guide comme de modèle aux travailleurs les plus intrépides.

Un autre incendie épouvantable, dont j'ai été témoin, éclata au bureau des messageries générales, et consuma un vaste magasin rempli de bois d'ouvrage et de caisses de marchandises de toute espèce. Trois voitures publiques toutes chargées furent réduites en cendres, et l'action de la chaleur s'éleva à un tel degré, que l'argent monnayé qui se trouvait dans les coffres commença à entrer en fusion.

Ces voitures étaient du nombre des grandes berlines, de forme disgracieuse et de hideuse couleur rouge, qu'on appelait *turgotines*, parce que c'était le contrôleur général Turgot qui les avait établies. Six voyageurs s'asseyaient dans l'intérieur, deux autres dans le cabriolet du devant avec le conducteur ; on remplissait de bagages le dessus de l'impériale et un grand panier placé entre les roues de derrière ; puis ce convoi se rendait de Poitiers à Paris en trois jours au moins, déjeunant, dînant, soupant et couchant presque avec autant de régularité que si les personnes qui le composaient n'eussent pas bougé de chez elles. C'était le moyen de transport des classes mitoyennes. Les gens riches voyageaient dans leur voiture, soit en poste, soit avec leurs propres chevaux : le peuple allait à pied, ou se servait d'une autre espèce de véhicules publics qui marchaient encore bien plus lentement que les *diligences*, car elles portaient déjà ce nom, quoique assez peu mérité. Les *fourgons* étaient d'immenses chariots à quatre roues, traînés par six, huit et même quelquefois dix chevaux attelés sur deux lignes; on chargeait ces lourdes machines de ballots et de caisses dont la colossale accumulation leur donnait d'autant mieux l'aspect de maisons ambulantes qu'elles ne cheminaient qu'au pas. Au milieu de cette confusion d'objets de toutes formes, se trouvaient ménagées quelques places qu'occupaient à vil prix des femmes accompagnées d'enfants, des malades, des estropiés, ou des hommes trop faibles pour marcher. Quelle distance entre ces genres de locomotives et les wagons de nos chemins de fer!... Mais en même temps quelle autre distance entre la digression où je me suis laissé entraîner et les pompiers de Poitiers, auxquels je me hâte de revenir.

On leur avait donné, lors de la création, un véritable uniforme de théâtre : veste, culotte et guêtres blanches; habit écarlate, revers, collet et parements vert-pomme. Ils formaient dans toutes les fêtes publiques la troisième compagnie d'infanterie de la milice bourgeoise.

La première était celle des grenadiers qui, avec leurs habits, vestes, culottes et guêtres d'une éclatante blancheur, leurs collets, parements et revers rouges, puis leurs bonnets de poil ornés de panaches, de cordons, de glands, de plaques aux armes de la ville, composaient réellement une très-belle troupe, et même toujours assez nombreuse. Comme plusieurs anciens soldats, qui en faisaient partie, instruisaient et dirigeaient les autres, l'ensemble ne paraissait pas trop inexpérimenté pour les manœuvres et le maniement des armes.

La seconde compagnie, portant le même uniforme que la première, excepté les bonnets remplacés par de petits chapeaux, se nommait *la colonelle* ou plus vulgairement *les cadets*; elle était formée de citoyens d'un ordre un peu au-dessus des grenadiers; ceux-ci appartenaient pour la plupart à la classe des ouvriers.

Il y avait aussi une compagnie à cheval, avec un équipement du genre de celui de la grosse cavalerie. L'habit était bleu foncé; les parements, les revers et le collet bleu céleste; la doublure, la veste et la culotte chamois; les bottes à l'écuyère, et le chapeau à panache. J'ignore si les contrôles de cette troupe couvraient beaucoup de papier; mais je ne l'ai jamais vue offrir des réunions où l'on pût compter plus de huit ou dix tant officiers que soldats, montés presque tous sur des bidets de louage. Au surplus, il était extrêmement rare qu'elle se rassemblât.

Au moment de la révolution, outre un régiment de garde nationale, il se forma une compagnie de volontaires à pied, une compagnie d'étudiants en droit, et une compagnie de dragons. Ces trois corps d'élite se partageaient la jeunesse.

Au lieu des belles pièces de canon que possède aujourd'hui la ville, elle n'avait que des boîtes et point d'artilleurs en titre pour en faire le service.

Le bas-relief de la pyramide placée près de l'hôtel de la mairie, et représentant un miracle opéré par l'intercession de saint Hilaire, était recouvert d'une grille en fer dont les barreaux très-rapprochés ne permettaient de rien voir au travers. Cette précaution avait été prise, disait-on, depuis qu'un ivrogne, coupable de mutilations exercées sur le monument consacré par la piété à la mémoire du saint patron, s'était vu puni par la privation de son bras devenu totalement perclus. Dans le principe, ce monument avait été élevé au milieu de la rue Neuve ; mais je l'ai toujours vu, comme aujourd'hui, engagé dans la muraille de la première maison.

BICÊTRE.

Dans le haut de la rue de la Prévôté, on voit une maison dont la porte carrée, bâtarde, entourée de moulures, est surmontée d'une niche maintenant vide. A côté, et à une certaine hauteur, est une fenêtre cintrée et vitrée à petits carreaux en losange dans le genre de celles des églises : cet assemblage annonce un établissement qui se rattache à quelque intention religieuse, et c'était autrefois la maison de passage des Jésuites Irlandais. On l'appelait *les petits Jésuites*, et le nom en est encore resté à la place voisine.

La maison dont il s'agit s'appelle à présent *la Providence* : des dames charitables s'y livrent, par acte de bienfaisance, à l'éducation d'un certain nombre de petites filles appartenant à de pauvres familles du peuple. C'était avant la révolution un dépôt entretenu par le gouvernement pour y renfermer les mendiants suspects, les vagabonds et gens sans aveu arrêtés dans l'étendue de la généralité. Il était soumis à une administration en règle, et on y faisait travailler les détenus à la fabrication d'étoffes de laine. La chapelle, que desservaient les Capucins, était ouverte au public, et le service divin s'y faisait habituellement.

Parce que l'évêque de Paris possédait, il y a quatre ou cinq siècles, une maison appelée *la Grange-aux-Gueux*, (d'autres disent *queux*, *cuisiniers*), qu'il vendit à un évêque de Winchester ; parce que cette maison, qu'on en vint à appeler comme la ville épiscopale du prélat anglais, arriva, en sortant des mains de plusieurs propriétaires successifs, à Jean duc de Berri, frère de Charles V, qui en fit un château considérable ; parce qu'après avoir servi, sous Louis XIII, de lieu de retraite accordée à des militaires invalides, elle devint pour les hommes, sous Louis XIV, ce que la Salpêtrière était pour les femmes ; parce qu'enfin, grâce à la corruption du langage parisien, Winchester s'était peu à peu métamorphosé en *Bicêtre*, le nom défiguré de l'immense et magnifique établissement de la capitale avait passé par analogie au très-petit et très-laid établissement de Poitiers.

En suivant jusqu'au bout la rue de la Prévôté, on arrivait sur le Pilori, place consacrée, ainsi que l'indique son nom, aux exécutions criminelles dont on a transporté, il y a peu d'années, le théâtre sur l'ancienne promenade du Pont-Guillon.

Au coin de cette place, à droite de la rue de la Cloche-Perse, il y avait dans une vieille façade en bois, rebâtie assez récemment en pierre, une niche au fond de laquelle on voyait une statue de la sainte Vierge, entourée de bouquets artificiels fanés et de cierges aussi jaunes que brisés. Une inscription rappelait le fait suivant, consacré par la tradition généralement répandue. A une date indiquée, dont je ne me rappelle pas le millésime, mais qui n'était pas très-reculée, on avait attaché à la porte de la maison un mulet chargé de sacs remplis de poudre.

Comme l'animal, tourmenté par les mouches, frappait avec force du pied sur le pavé, le choc de son fer fit jaillir des étincelles qui causèrent une explosion épouvantable. Le mulet, mis en pièces, disparut totalement, et une de ses jambes, lancée en l'air, alla enfoncer la croisée de l'étage supérieur d'une maison assez éloignée, et située sur la gauche. Il n'y eut pas d'autre accident à déplorer qu'un ébranlement général des bâtiments, et les habitants du quartier, persuadés qu'ils avaient été miraculeusement préservés, exprimèrent leur reconnaissance par l'érection de l'humble monument religieux que la révolution n'a pas épargné. En mémoire de cet événement, on a placé le fer du mulet dans un des joints de la muraille, tout près de la fenêtre où l'explosion l'envoya. Si par hasard quelques regards se tournent de ce côté, bien peu s'y arrêtent assez pour distinguer l'objet qu'ils aperçoivent à peine. Et d'ailleurs, reconnût-on dans ce qu'on est porté à prendre pour un crampon destiné à quelque usage oublié, le fer d'un mulet, on serait bien loin de deviner comment il est arrivé là.

LE PALAIS.

Cet édifice, si vaste et si riche de précieuses antiquités, était de toutes parts aussi complétement masqué, aussi entièrement dérobé aux soupçons même de son existence, qu'il l'est encore aujourd'hui, précisément dans les parties où son aspect offrirait le plus d'intérêt.

Le passage qu'on appelle l'*Echelle du Palais* était un peu plus étroit, et beaucoup plus obscur à cause des échoppes qui le bordaient ; de sorte que l'on courait encore plus de risques de tomber lorsqu'on s'aventurait à monter par là.

L'arrivée du côté de la place de Saint-Didier n'était ni moins laide, ni moins incommode. Après avoir passé sous une porte basse et étroite, on suivait une venelle aussi peu claire et aussi peu large que l'autre, mais bien plus encombrée de vilaines petites boutiques, parce qu'il y en avait des deux côtés. On montait d'abord une pente très-rapide et très-mal pavée, puis un escalier de plusieurs marches écornées et rongées à l'envi. C'était pourtant là l'entrée d'honneur!

Un troisième moyen de parvenir de l'extérieur dans la salle des pas perdus s'offrait au public, à la condition, sous peine de la vie, de bien regarder à ses pieds, de n'avoir pas de vertige, et de ne pas se permettre le plus léger faux pas. C'était un escalier, défiant par sa roideur et l'exiguïté de ses marches tous ceux de tous les clochers du monde chrétien. Il se dressait à pic au bout du cul-de-sac qui conduisait à la prison, et arrivait à une petite porte située à peu près à la place de celle de la cour d'assises actuelle.

Les murs de la grande salle attristaient de tous côtés les regards par des plaques immenses d'humidité, de fumée et de saleté. Ils se trouvaient sans doute, sauf les effets progressifs des années et même des siècles, dans l'état où les avait laissés le dernier piquet des gardes qui avaient fait le dernier service à l'entrée des appartements des derniers comtes de Poitou. On voyait encore dans les trois cavernes appelées cheminées, des tas de poussière mêlés peut-être au reste des cendres produites par le feu qui avait tempéré les fraîcheurs de la dernière nuit passée sous les armes.

Le marchand de graines de choux et de papier timbré formait déjà de temps immémorial une partie intégrante du personnel, ou presque même plutôt du mobilier du Palais; mais sa boutique était beaucoup moins brillante. De plus, on trouvait près des sacs qui représentaient pour les jardins de véritables cornes d'abondance, le sec et poudreux étalage d'un bouquiniste. Le dernier exploitateur de cette industrie commerciale avait acquis pendant les jours de la terreur une générale et durable, mais fâcheuse célébrité. Dans une de ces cérémonies burlesquement absurdes qui signalaient chaque fête républicaine, et où l'immoralité venait souvent le disputer à l'irréligion, il avait rempli le rôle du *Père éternel*. Aussi le nom lui en était-il resté; on le lui a conservé jusqu'à sa mort, c'est-à-dire bien longtemps, car je crois qu'il n'a cessé de vivre que sous la restauration.

La chapelle était placée où est maintenant la grande salle des séances solennelles, et des audiences ordinaires de la première chambre de la cour royale. Les prisonniers entendaient la messe dans une pièce contiguë, séparée par une forte grille ressemblant à celle d'un chœur de religieuses. Le jeudi saint, lorsque de nouvelles personnes arrivaient pour prier devant le reposoir, leur entrée excitait toujours un bruit de chaînes agitées, dans l'espoir que ce signal de détresse et de misère attendrirait les cœurs et aiguillonnerait la générosité.

Le présidial, siégeant tour à tour comme sénéchaussée, c'est-à-dire tribunal de première instance, et comme cour d'appel des tribunaux inférieurs du ressort, tenait ses audiences dans la salle du coin qui est maintenant attribuée à la seconde chambre. On pouvait se pourvoir devant le parlement de Paris contre les décisions du présidial, soit en matière civile, soit en matière criminelle.

Le bureau des finances, dont on appelait les membres trésoriers de France, siégeait dans la salle de la cour d'assises. Ses attributions s'étendaient sur les affaires relatives aux finances de l'État, aux chemins et propriétés publiques, et aux domaines de la couronne.

L'élection, chargée de juger les questions qui concernaient les impôts, avait pour salle d'audience le greffe actuel de la cour royale. La salle du tribunal de première instance, disposée d'une manière toute différente, servait à la juridiction des eaux et forêts. On y arrivait par la grande salle des pas perdus.

La juridiction consulaire, équivalant au tribunal actuel de commerce, s'exerçait dans son hôtel particulier, rue de la Mairie. On en voit encore le portail extérieur, qui est un des monuments les plus remarquables de la ville.

Comme on dînait de bonne heure, toutes les audiences avaient lieu le matin, indépendamment des séances de *relevée*, c'est-à-dire de l'après-midi, lorsqu'il en était besoin.

Outre la prison du palais, il y en avait une autre appelée de la Prévôté, dans des bâtiments situés à droite au bout de la rue du même nom, vis-à-vis de la maison maintenant occupée par les frères des Écoles chrétiennes. Cette maison, dont l'architecture mérite de fixer l'attention, possédait dans l'église de Notre-Dame une chapelle avec les droits de fondateur et de sépulture. Dès le temps où Thibaudeau écrivait son histoire, un de mes grands oncles en était propriétaire, et elle fut vendue, à sa mort, à un conseiller du présidial.

PROCESSIONS.

Les processions générales, c'est-à-dire qui réunissaient

la totalité ou, du moins, une grande partie du clergé de Poitiers, étaient celles de la Fête-Dieu (1), de l'Assomption des Rogations et du Miracle des clefs.

La Fête-Dieu surpassait toutes les autres en éclat. Au déploiement si imposant des pompes religieuses les plus solennelles accumulées autour du dais, se joignait la succession majestueuse des différents corps judiciaires et administratifs, déroulant leurs files parallèles, échelonnées sur deux lignes qui semblaient s'étendre à l'infini. Tous les premiers dignitaires n'étaient pas, comme aujourd'hui, réunis pêle-mêle dans un seul groupe. Un règlement mieux entendu les laissait chacun à la tête de leur compagnie, dans les rangs de laquelle la présence du chef maintenait l'ordre, en conservant parmi les différentes sections du cortége les distances convenables, et en traçant pour les spectateurs les démarcations hiérarchiques.

Le présidial marchait le premier avec les robes rouges parlementaires qu'il devait à Charles VII, et qui étaient pour notre cité entière un glorieux témoignage de sa fidélité constante au souverain légitime. On eût cru voir la cour royale actuelle, excepté que les dignitaires n'avaient point de fourrures, et que, dans toutes les mains, couvertes de gants blancs, une simple barrette de drap remplaçait la toque de velours galonné; puis au lieu de la longue cravate pendante, un large rabat noir bordé de blanc ombrageait la poitrine. Le lieutenant général, chef du corps, n'avait aucune marque distinctive. Des frisures élégantes accompagnaient la figure des jeunes

(1) Le chapitre de Saint-Hilaire n'assistait point à la procession générale de la Fête Dieu; il faisait particulièrement la sienne dans les rues de sa juridiction seigneuriale.

conseillers, et de longs cheveux bouclés à l'extrémité leur retombaient sur le dos. Les magistrats plus âgés, réduits à prendre une coiffure d'emprunt, la choisissaient de manière à ce qu'elle ne formât pas une disparate trop prononcée avec celle de leurs collègues. Un domestique, soit en livrée, soit en habit simple mais soigné, selon le rang social indépendant des fonctions judiciaires, portait la queue de chaque robe. Les petits intervalles multipliés entre les individus formaient un long espace occupé par l'ensemble. Le maintien ne pouvait manquer d'être grave et la tenue réservée ; point de conversation possible, on n'avait pas de voisin ; on voyait seulement marcher quelqu'un devant soi, et l'on savait qu'on était suivi par un autre. En un mot, rien ne faisait naître l'idée de la confusion d'une foule, et tout annonçait l'appareil régulier d'une grande cérémonie.

Les trésoriers de France suivaient le présidial, avec leurs robes de soie noire. Leur ordre de marche était absolument le même. Il en était ainsi de tous les corps.

Celui de l'Université ne paraissait jamais à cette solennité publique, non plus qu'à aucune des autres, par suite d'anciennes querelles de préséance avec le présidial. Sans parler de toutes les considérations plus importantes qu'on pourrait faire valoir, cette absence était à regretter sous le rapport du coup d'œil ; le nombre des membres des facultés, et la variété de leurs brillants costumes, auraient produit le plus bel effet.

Les musiques des régiments et celle de la ville, les troupes réglées et la milice bourgeoise contribuaient à donner à cette fête religieuse un autre genre d'éclat ; et soit par le nombre et la richesse des reposoirs, soit par l'affluence qui remplissait les rues, soit par les rangs pressés et redoublés qui garnissaient les croisées, on voyait que la population entière était animée des mêmes pensées et des mêmes sentiments. La procession de la Fête-Dieu, que trouvaient belle sous la restauration les personnes qui n'avaient pas vu celle dont je parle, n'était rien auprès. Que résulterait-il donc de la comparaison que l'on voudrait établir entre la fête magnifique d'il y a soixante ans, et la procession mesquine d'aujourd'hui où la garde nationale même ne paraît plus ?

Avant 1830, cette troupe montrait dans les occasions d'apparat une exactitude et un empressement qu'on ne doit pas douter qu'elle ne retrouvât encore pour de grandes et graves circonstances, si jamais elles venaient à se présenter. En attendant, j'aurais bien envie de faire, à propos d'elle, une excursion qui semblera peut-être, au premier instant, tout à fait hors et même très-loin de mes antiques souvenirs ; mais en considérant que la garde nationale commence, par le fait, à appartenir à l'histoire des temps anciens, on me pardonnera peut-être de recueillir en passant un trait spirituel sur les pages de ses annales devenues presque de vieilles chroniques.

Il arriva donc, quelques Fêtes-Dieu avant que cette époque eût cessé de nouveau, il y a quinze ans, d'être une sorte d'ère commune et générale, qu'une pluie épouvantable surprit la procession, et la força de se disperser ; on fut même obligé de déposer le saint-sacrement dans une maison particulière. Mais l'explosion décisive de l'orage n'avait pas encore eu lieu, et personne ne manifestait aucune inquiétude sur la température, lorsqu'aux premières gouttes d'eau qui parurent former un peu plus que du brouillard, un grenadier national de l'escorte prévit le souvenir du déluge qui allait se renouveler. Alors enveloppant tranquillement la batterie de son fusil avec son mouchoir, et exécutant sans commandement le mouvement de l'arme sous le bras gauche, il sortit des rangs, en disant tout haut du ton qu'aurait sans doute pris le général Cambronne, s'il eût prononcé la réponse qu'on lui attribue malgré lui : La garde nationale se *rend*, mais elle ne se mouille pas. Et il enfila le chemin de sa maison. Les voisins se mirent à rire du jeu de mots, et comme ils se donnèrent beaucoup de confidents, ils n'eurent pas moins de complices.

Maintenant que voilà ma divagation consommée, je pourrais bien observer, pour achever de la faire excuser, s'il en était encore besoin, que puisque tant de gens s'obstinent à étaler partout au grand jour un apophthegme de fabrique, en dépit de la multitude de dénégations, à la tête desquelles se trouve celle du prétendu auteur de la phrase modèle, il n'y a peut-être pas trop grand mal à déposer dans un petit coin, hélas ! bien obscur, la parodie qui offre du moins, m'a-t-on affirmé très-positivement, le mérite d'avoir été prononcée.

La procession du 15 août, en exécution du vœu de Louis XIII, ressemblait beaucoup, par le cortége qui l'accompagnait, à celle de la Fête-Dieu ; mais le saint-sacrement n'y était pas porté, et par conséquent le cérémonial religieux n'avait ni le même appareil, ni le même caractère. Tout le clergé s'y réunissait, mais sans éblouir les regards par la même profusion d'ornements somptueux. On y voyait ce qu'on appelait la *mandille*, c'est-à-dire deux membres de toutes les maîtrises des arts et métiers, revêtus d'habits mi-partis de diverses couleurs, et la hallebarde en main. Ils étaient coiffés de bonnets d'une forme singulière et différents les uns des autres, suivant les corporations auxquelles ils appartenaient. Les principaux outils de chaque profession étaient figurés en relief sur le haut de la coiffure, à laquelle ils formaient comme une sorte de cimier. On se rendait de la cathédrale à Notre-Dame, où l'on faisait une station avant de revenir au point de départ.

La procession du Miracle des Clefs, chronique dont je ne ferai point le récit, parce que tout le monde le connaît et qu'il se trouve dans toutes les histoires du Poitou, avait lieu le lundi de Pâques. Le dimanche, après vêpres, le corps municipal se rendait en grande pompe à Notre-Dame, et la femme du maire, accompagnée de celles des échevins, offrait, au nom de la ville, un manteau à la sainte Vierge. Une somme de cent écus, portée ensuite à quatre cents francs, était votée annuellement pour cette dépense; mais, comme le prix d'un manteau un peu riche aurait dépassé l'allocation, il n'en était acheté un nouveau que tous les deux, trois, et même quelquefois quatre ans. La procession n'en avait pas moins lieu chaque année. Le clergé et les principales autorités faisaient le tour entier de la ville, s'arrêtant en station aux différentes portes, et plus longuement à celle de la Tranchée, où avait eu lieu le miracle. Cette cérémonie, interrompue pendant la révolution et le régime impérial, avait été rétablie sous la restauration; mais, dans les derniers temps, on se rendait seulement par les rues à la porte de la Tranchée, et l'on revenait de même. Les événements de 1830 ont supprimé totalement l'acte de générosité municipale et la procession extérieure. L'empereur Napoléon avait donné à Notre-Dame un manteau magnifiquement brodé en abeilles.

Les processions des Rogations réunissaient toutes les

reliques appartenant aux diverses églises. On y voyait le morceau de la vraie Croix envoyé à sainte Radégonde par l'empereur Justin II, et conservé dans l'abbaye fondée par cette bienheureuse reine. Avant de se rendre à la cathédrale, d'où partait le cortége, tout le clergé du chapitre de Sainte-Radégonde allait processionnellement au monastère de Sainte-Croix chercher le précieux reliquaire, que l'abbesse remettait elle-même au dignitaire supérieur, qui faisait serment de le rapporter avec fidélité. Le chanoine nommé le plus récemment, revêtu d'une chasuble, ayant les jambes et les pieds nus, portait pendant toute la procession la vénérable relique qu'entouraient les gardes de l'abbaye, tenant à la main des torches allumées. Dans les églises où l'on s'arrêtait, des pantoufles étaient présentées au chanoine en fonctions, et, au retour de la cérémonie, les religieuses lui offraient une paire de bas de soie noirs que certes il avait bien gagnés. Entre les bannières et les croix, figurait au bout d'un long bâton l'effigie sculptée et peinte d'un dragon ailé, appelé la Grand'Gueule, qui appartenait aussi à la communauté de Sainte-Croix. Je n'entrerai dans aucun détail sur ce dragon qui fait le sujet d'une notice très-étendue, insérée dans les mémoires de la Société d'agriculture, belles-lettres, sciences et arts de Poitiers, année 1837, tome VI. J'ajouterai seulement que, par une bizarrerie qui n'est pas plus singulière que tant d'autres usages de l'ancien temps, l'homme qui portait la Grand'-Gueule était revêtu d'un surplis par-dessus son habit bourgeois, et coiffé d'un chapeau militaire avec une cocarde.

La procession de la Saint-Marc était générale en ce sens qu'on la faisait le même jour dans toutes les églises;

mais il ne se formait point de rassemblement, et chaque cérémonie était indépendante. Les stations se trouvaient arrangées de façon à ce qu'aucune église ne manquât d'avoir une grande messe, chantée par un autre clergé que le sien.

Les différents chapitres faisaient assez souvent des processions particulières, mais sans aucun apparat. Elles parcouraient seulement les rues qui conduisaient le plus directement au lieu de la station ; le clergé n'y portait pas d'autre ornement que le surplis et l'aumusse ; on chantait ordinairement des litanies, en mettant un assez long intervalle entre les versets. Il n'y avait à la suite aucun cortége de fidèles.

Les processions spéciales des paroisses étaient celles de l'octave de la Fête-Dieu, du troisième dimanche du mois d'adoration, dans les douze églises où cette dévotion avait lieu, et celle de la fête patronale. Pour l'octave et le troisième dimanche, les paroissiens étaient obligés de tendre le devant de leurs maisons ; il y avait toujours un grand nombre de reposoirs qui devenaient un objet de concurrence et même de rivalité entre les différentes paroisses.

SERMONS.

On prêchait dans toutes les églises les jours de grandes fêtes générales, et les dimanches de l'avent et du carême. A ces deux dernières époques de l'année religieuse, il y avait à la cathédrale, dans quelques églises paroissiales et dans quelques couvents d'hommes, deux ou trois sermons par semaine.

Si l'on ajoutait ensuite ceux qui étaient prononcés dans les fêtes particulières des paroisses et des communautés, on serait véritablement étonné du chiffre approximatif auquel s'élèverait le montant statistique de la dépense annuelle d'éloquence de la chaire qui se faisait à Poitiers.

Les monastères d'hommes, et surtout les Capucins, les Carmes et les Jacobins, fournissaient un grand nombre des prédicateurs, parmi lesquels figuraient aussi beaucoup de chanoines, de curés et de vicaires.

On avait de mon temps conservé la mémoire d'un curé de Saint-Paul, dont les sermons produisaient l'impression la plus frappante. J'ai ouï citer souvent, entre autres, un discours sur la mort, qu'il avait prononcé à la cathédrale pour les prières des quarante heures pendant le carnaval, et dont un passage rappela l'effet terrible qu'on attribue à Massillon prêchant sur le petit nombre des élus.

INTENDANCE.

Il n'y avait point d'hôtel spécial affecté à l'intendance. M. de Blossac habitait l'hôtel de Chasteigner, situé dans la rue de la Mairie, presque vis-à-vis de la rue des Cordeliers; M. Boula de Nanteuil, l'hôtel de la Barre, qui fait le coin de la rue de l'Éperon et de celle des Jacobins, sur laquelle donne le petit parterre entouré d'une grille de fer. Il n'était pas besoin autrefois de bâtiments considérables pour les bureaux ; le travail de la généralité de Poitiers, qui contenait plus de mille paroisses, se faisait avec un nombre aujourd'hui incroyablement borné de *commis*, ainsi qu'on les appelait alors.

Ces mille paroisses, divisées en neuf élections, étaient administrées intermédiairement par vingt-deux subdélégués qui n'avaient point de traitement pécuniaire, et auxquels leurs emplois valaient seulement, outre de la considération, quelques priviléges. C'étaient des souspréfets, moins les appointements. On ne faisait pas alors un objet de spéculation des fonctions publiques. Le désir d'une place, n'importe laquelle, n'était pas un besoin universel, et tous ne se croyaient pas propres à les occuper toutes. Des lignes se trouvaient naturellement tracées au-devant de chaque existence; et pour embrasser une carrière quelconque, il devenait toujours sage, souvent nécessaire, de consulter certaines considérations accessoires. Tout cela soit dit sans aucune réflexion critique présente, qui n'est pas de mon sujet, mais comme constatation de faits anciens, qui fait partie de la tâche que j'ai prise.

Avec la simplicité de personnel existant dans l'administration, les affaires étaient-elles plus mal conduites? Je n'en sais rien par ma propre expérience, vu que je n'avais pas d'affaires dans ce temps-là : mais j'ai souvent oui prétendre tout au moins que non.

En général, les trente-trois intendants, qui coûtaient bien moins cher au gouvernement que les quatre-vingt-six préfets créés à leur place, produisaient plus d'effet sous le rapport de la représentation, parce qu'ils étaient tous extrêmement riches, et qu'ils tenaient un brillant état de maison. Par ce motif, et peut-être aussi par quelques autres, ils étaient placés plus haut dans l'opinion publique. On leur donnait dans l'exercice de leur charge le titre de monseigneur, que le peuple ne leur refusait en aucune circonstance. Leur nom n'était prononcé qu'avec respect, et l'on était fier de se voir admis dans leur salon.

J'ai entendu raconter bien des fois, à l'occasion de celui de M. de Blossac, une aventure qui ne s'y rattache pas d'une manière essentielle et directe, mais qui fit grand bruit à l'époque où elle se passa. Une personne de Poitiers allait à Paris en chaise de poste, emportant avec elle une somme considérable. Comme elle montait la côte d'Etampes, au lever de l'aurore, des hommes arrivèrent à sa portière le pistolet à la main, et lui enlevèrent son argent. Le masque qui couvrait le visage de l'un d'entre eux étant tombé par hasard, elle crut reconnaître avec certitude un jeune homme de famille distinguée, habituellement reçu lui-même dans la société. L'affaire se poursuivit ; mais malgré tous les motifs de suspicion qui se présentèrent, malgré tous les renseignements fournis par l'accusateur et son domestique, l'accusé ne fut point atteint, parce qu'il résulta de l'enquête la plus minutieuse que, le jour indiqué, personne ne l'avait vu traverser aucun endroit habité, et passer aucune rivière soit à gué, soit sur un pont, soit dans un bateau : d'un autre côté, toute la ville le remarqua le soir au bal de l'Intendance, où il eut même avec éclat une affaire particulière. On n'en resta pas moins généralement persuadé que c'était lui qui avait fait le coup ; ceux qui voulaient donner à l'histoire sa plus grande extension disaient qu'il n'avait pas changé de cheval pendant tout le trajet, c'est-à-dire pendant soixante-trois lieues de poste, et que, d'après la connaissance parfaite acquise d'avance par lui de la direction à suivre, il avait toujours couru à vol d'oiseau, passant toutes les rivières à la nage.

COSTUMES.

Je commence par déclarer que, dans plusieurs des détails de ce chapitre, je ne parle point des dernières années qui précédèrent la révolution. Il y eut alors une période de transition si précipitée, mais en même temps si active, que, sur beaucoup de points où le changement ne fut pas entièrement complet, les exceptions devinrent les règles générales, et les règles générales des exceptions.

Au temps donc jusqu'où remontent mes premiers souvenirs, la vieille locution de *l'habit des dimanches* n'était pas une simple manière de parler. Tout le monde en effet marquait le jour de la cessation des travaux et des affaires extérieures par une différence dans sa toilette. Bien peu de personnes manquaient d'aller à la messe; on voyait un grand nombre d'hommes de toutes les classes à la grand'messe de paroisse, et les jours de fêtes solennelles, l'assistance était encore plus considérable. On ne rencontrait dans les rues ni des ouvriers en veste et tablier de travail, chargés d'outils, de matériaux, ou tout au moins d'ouvrages à reporter; ni de charretiers choisissant le dimanche pour faire des transports et des déménagements; ni, à plus forte raison, des artisans travaillant dans leurs boutiques ouvertes; ni même seulement des magasins de commerce à demi fermés. Plusieurs marchands, excepté ceux d'objets de consommation de première nécessité, ne craignaient pas de déclarer qu'ils ne vendaient point le dimanche. La plupart des acheteurs n'auraient pas osé se présenter ce jour-là pour faire des emplettes. On ne voyageait même que par suite de motifs de quelque importance. En un mot tout annonçait que le jour consacré par la religion n'était pas considéré comme un jour entièrement semblable aux autres.

Mais il n'y avait pas seulement, pour tout le monde, entre le vêtement du dimanche et celui de la semaine, une différence générale : il existait aussi, pour chacun, une démarcation particulière très-prononcée entre les costumes des diverses professions et des diverses classes de la société. Les officiers, même en semestre, gardaient le plus souvent leur uniforme ; les militaires retirés avaient, de leur côté, un habit officiellement indiqué pour chaque arme ; les simples gentilshommes, ainsi qu'on appelait le petit nombre de nobles qui n'étaient pas ou n'avaient pas été au service, portaient un chapeau à trois cornes, mais sans cocarde, un habit français quelquefois en soie, un jabot et des manchettes, une veste à basques presque toujours brodée, des culottes courtes (elles étaient alors communes à tous les hommes), des bas de soie, des souliers à boucles d'argent, l'épée au côté, et la plupart du temps les cheveux de derrière dans une bourse, sac de taffetas noir orné d'une large rosette de ruban (1). Les magistrats avaient les mêmes vêtements, mais tout en noir ; leurs cheveux épars sur le dos se réunissaient pour former une boucle attachée par des épingles noires ; ils tenaient habituellement leur chapeau sous le bras, et ne paraissaient, soit dans les rues, soit dans les sociétés, qu'avec ce costume. Les avocats en cérémonie, les professeurs de droit, en un mot tous les gens de robe s'habillaient de la sorte. Les médecins, outre le vêtement noir taillé sur le même patron et accompagné des mêmes accessoires, se couvraient la tête, ne fussent-ils même pas très-âgés, d'une perruque entourée de boucles, et terminée derrière par trois petits paquets de cheveux noués qu'on nommait des marteaux. Ils portaient de plus dans leur main une longue canne

(1) Quelques vieillards avaient conservé ce qu'on appelait la *régence*, c'est-à-dire deux larges rubans noirs qui tenaient à la bourse, passaient de chaque côté sur l'épaule, et venaient se rattacher au jabot.

à pomme d'or. (J'observerai en passant qu'il n'y avait alors pas plus de cinq à six médecins exerçant pour la totalité de la ville.)

Tous les degrés de la hiérarchie sociale n'étaient pas marqués par des distinctions aussi saillantes; mais il existait une multitude de nuances, qui, sans être tout à fait tranchées, offraient des points de comparaison à l'aide desquels on reconnaissait, à peu près au premier coup d'œil, dans quel ordre de citoyens chacun se trouvait placé. Il en était de même à l'égard des femmes, et la classification des robes n'était pas moins bien établie que celle des habits. Des rires généraux, des railleries à haute voix, et même quelquefois des espèces d'avanies publiques auraient accueilli ce qu'on eût considéré comme un travestissement. Et ce n'était pas uniquement en se mettant au-dessus de son état qu'on attirait tout au moins l'attention; il y avait également, sur cette sorte d'échelle de convenances, des bornes qu'on ne pouvait dépasser soit en montant, soit en descendant, sans exciter une surprise que le peuple lui-même ne cherchait pas à dissimuler.

A propos de cette envie de paraître au-dessus de ce qu'on est réellement, dans laquelle il y a des gens qui veulent quelquefois aujourd'hui apercevoir un certain caractère épidémique, tandis qu'elle ne présentait alors que des cas exceptionnels, je vais encore intercaler en manière d'intermède parmi tant de vieux détails statistiques, une historiette qui s'y rattache, qui leur est contemporaine, et dont l'authenticité a souvent été garantie devant moi.

Un apothicaire de Poitiers, homme déjà sur le retour, avait la manie de ne jamais se montrer qu'avec le costume complet de médecin, dont j'ai fait plus haut la description ; je l'ai vu pendant bien des années se pavaner ainsi dans les rues avec un air plus important que n'aurait pu le prendre le doyen de la faculté de Montpellier. Un jour qu'il passait devant l'une des premières auberges de la ville, un voyageur, simplement mais très-proprement vêtu, qui se trouvait à la porte avec l'hôte, trompé par l'extérieur doctoral de notre personnage, croit lui devoir un témoignage de considération, et le salue d'un air de déférence. L'autre tourne la tête du côté de l'étranger, le toise du regard, se rengorge, et passe son chemin, sans faire mine de rendre le plus légèrement possible la prévenance qu'il a l'air d'agréer comme l'acquittement d'un tribut et l'accomplissement d'un devoir.—Parbleu! s'écrie le voyageur, voilà un médecin bien mal élevé ! — Un médecin ! répond l'hôte ; c'est un apothicaire. — En êtes-vous sûr ? le connaissez-vous bien ? — Parfaitement. Il se nomme... et sa boutique est sur la place de... — Eh bien ! reprend le voyageur en montant à sa chambre, monsieur le mousquetaire à genoux (c'était le nom que valait assez souvent aux apothicaires certaine opération de leur compétence), je vais vous donner une leçon de politesse.

Il commande au bout de quelque temps à son domestique de tirer de sa malle un habit de livrée, et de courir à l'adresse indiquée pour inviter M...... à venir en toute hâte à l'hôtel de la Bourdonnaie (1), secourir M. le comte de...., qui reconnaîtra ses soins de la manière la plus satisfaisante. A peine la commission est faite, que le pharmacopole essoufflé arrive à la belle chambre

(1) Auberge établie dans la grande maison dont la façade est ornée d'un balcon, vis-à-vis des Halles.

de la maison, où il trouve dans un lit, couché sur le ventre, et se démenant avec des contorsions affreuses, un patient dont la voix entrecoupée lui fait entendre ou plutôt deviner à demi qu'il souffre des douleurs atroces causées par une colique violente. Enfin, dans un moment où l'accès semble moins vif, il articule péniblement cette question : — Etes-vous bien le célèbre M.... ? — Oui, monsieur le comte, c'est moi-même, répond l'homme noir, qui ne se récrie aucunement sur l'épithète. Alors le consultant lui raconte, non sans s'interrompre plus d'une fois, qu'il est sujet aux atteintes subites d'un mal qui le met souvent à deux doigts de la mort; mais, ajoute-t-il, le remède le plus simple suffit pour me soulager; seulement un vice particulier de conformation exige qu'il me soit administré par des mains habiles, et je m'estime heureux, d'après votre réputation, de me trouver aujourd'hui à portée de réclamer le secours des vôtres. Voilà le liquide et l'instrument tout préparés, ne perdez pas une minute, je sens que les grandes douleurs vont me reprendre.

Nombreuses et vives observations de la part de l'agent inférieur d'Hippocrate, qui déjà depuis bien des années, dit-il, ne fait plus lui-même aucune opération pharmaceutique, mais se borne seulement, outre les consultations qu'il donne, à former des élèves parmi lesquels il va envoyer chercher le plus capable... — Un élève, grand Dieu! malgré tout votre talent, d'après ma fatale organisation, vous n'êtes pas trop bon vous-même. — Mais, dans les circonstances les plus pressantes, j'ai refusé les premières personnes de la ville; si l'on savait... — Je suis étranger, je ne connais qui que ce soit ici, et vous me voyez en route pour quitter à jamais la France. Nul ne saura donc ce que vous aurez fait pour moi ; d'ailleurs toutes les positions de fortune ne sont pas les mêmes, et la mienne me met en état de n'élever aucune difficulté sur le prix du service que vous seul pouvez me rendre..... Comment répondre à de pareils arguments, et surtout au dernier? D'abord, pour la forme, par une continuation de résistance poussée juste au degré susceptible de donner une haute valeur au sacrifice, puis ensuite par une condescendance motivée sur l'apparition soudaine et déterminante de symptômes nouveaux, propres à faire craindre à l'instant les suites les plus graves ! C'est ainsi que se termina le débat.

Mais lorsqu'après l'accomplissement de tous les préliminaires accoutumés, il fut question de procéder à l'acte décisif, l'opérateur voulut s'asseoir près du lit. — Oh ! ciel, vous me faites trembler seulement à vous voir, s'écria avec transport le malade; voulez-vous donc me tuer du premier mouvement que vous essayerez ? Il faut absolument que vous preniez une position qui vous permette d'employer tous les ménagements dont j'ai un si grand besoin.... Que refuser après avoir tant accordé? Les derniers scrupules s'évanouissent, l'attitude classiquement consacrée, je devrais presque dire officielle, est prise dans la rigueur la plus stricte, un genou repose sur le parquet. Alors le prétendu mourant saute brusquement en bas du lit, et laissant tomber à son tour du haut de sa grandeur un regard de supériorité sur son interlocuteur stupéfait : Regardez-moi bien au visage maintenant, lui dit-il, vous devez me reconnaître. Voilà trente sous pour votre remède, et nous sommes quittes de toutes les façons, puisque vous venez de me rendre d'un côté le salut que vous m'aviez refusé de l'autre.

La classification graduelle dont j'ai parlé se retrouvait à l'infini : c'était elle qui déterminait toutes les formules à employer dans le langage et surtout dans l'écriture. C'était en même temps, il est vrai, elle qui donnait naissance d'une manière souvent si fastidieuse à ces interminables combats de politesse pour le service à table ou pour le passage à une porte. Comme dans toutes les choses humaines, il se glissait là, parmi des principes conservateurs, l'excès, l'abus et même le ridicule.

La distinction des rangs et de la position s'étendait jusque dans les salons ; elle réglait le maintien, la pose et les discours de chacun. Si le juge et le médecin s'étaient donné la tenue légère, le ton sémillant de l'officier, ils auraient paru aussi risibles que s'ils eussent endossé son uniforme.

La situation faite d'avance et la destination choisie s'identifiaient tellement avec l'homme lui-même, qu'il se formait entre eux une union inséparable. Le décorum devenait une enveloppe adhérente à la personne, dont il n'était jamais permis, du moins en public, d'essayer de se dépouiller. A quelque âge que ce fût, le professeur le plus musqué n'eût pas osé, en descendant de sa chaire, monter sur les planches d'un théâtre de société ; le docteur le plus mielleux, qui le matin aurait tâté le pouls d'une jeune vaporeuse, se serait bien gardé de lui demander le soir une contredanse ou une valse ; le magistrat le plus dameret ne serait pas venu, quelques heures après s'être enroué à faire des rapports ou des réquisitoires, roucouler des barcaroles et des nocturnes.

L'âge, cette distinction essentielle commune à tous les êtres animés, cette pondération proportionnelle établie par la nature elle-même, exerçait aussi une grande influence sur les relations réciproques. Non-seulement le jeune homme, mais celui qui avait atteint l'âge mûr, fussent-ils persuadés de leur supériorité sur un vieillard, reconnaissaient qu'il avait droit d'attendre d'eux une déférence indépendante des autres considérations. Toutes les voix n'auraient formé qu'un seul cri contre celui qui aurait oublié les égards et les procédés qu'un respect pour ainsi dire instinctif commandait envers des cheveux blancs.

La jeunesse était soumise par les convenances à une sorte de noviciat, avant de tenir elle-même une place dans la société. La timidité, la défiance de son propre mérite devenait un titre en sa faveur. Se bornant presque toujours à écouter, si elle prenait quelquefois la parole, c'était avec la plus grande réserve; elle proposait des doutes, et ne prononçait jamais de décisions : même sur ce qu'elle savait le mieux, elle avait encore l'air de s'instruire.

Je ne crois pas qu'il soit possible d'exprimer d'une manière plus pittoresque et en même temps plus vraie la différence entre ce qui existait jadis et ce qui existe aujourd'hui, sous ce rapport, que ne le fait l'anecdote suivante. Elle n'appartient pas trop à l'archéologie ; mais elle se rattache aux mœurs, et elle offre pour passe-port le mérite de la brièveté. Un homme, parvenu à l'automne de la vie, déplorait ainsi les infortunes de son éloquence : Vers les commencements de la révolution, j'avais cessé d'être adolescent, et, croyant avoir des idées, quand je me trouvais dans un cercle, j'essayais de les émettre. Alors les vieillards me disaient tout bas : Laissez parler, mon petit ami, vous êtes trop jeune... L'époque militaire me conduisit sous les drapeaux, et j'y ai passé tout le temps de mes belles années. Puis lorsque, plein des forces de l'âge mûr, j'ai reparu dans la société, je me suis cru de l'expérience, et j'ai voulu énoncer ce qu'elle me dictait. Aussitôt les jeunes gens se sont mis à crier tout haut : Taisez-vous, bonhomme, vous êtes trop vieux.... Ainsi donc, hélas ! je mourrai sans avoir pu placer un mot dans la conversation !.....

L'ensemble des réunions présentait un aspect plein de charme et d'agrément. Chacun apportait avec soi l'intention de s'amuser en amusant les autres ; il se formait une communauté, une confusion d'esprit, de gaîté, de complaisance, d'amabilité, dans laquelle tous les contingents étaient acquittés de bonne foi et sans économie. Le simple abandon de la causerie générale proscrivait l'appareil prétentieux des dissertations partielles. On ne voyait jamais d'un côté des groupes d'hommes amoncelés, et de l'autre des lignes de femmes isolées. Toutes les conversations scientifiques, tous les entretiens d'affaires étaient gardés pour le cabinet : il n'existait d'autre but, d'autre intérêt que le plaisir. Une galanterie empressée, une obligeante coquetterie faisaient réciproquement les frais d'un commerce d'échange où tout le monde trouvait à gagner. Ainsi se formait de lui-même, sans que personne songeât de propos délibéré à travailler pour cela, ce ton de bonne compagnie, cet assemblage de manières distinguées qui rendaient la société française le modèle et l'objet d'envie de tous les peuples civilisés.

Je sais à merveille que tout ce que je viens de dire n'était pas une spécialité exclusive de notre pays ; c'est un tableau dont chaque grande ville du royaume offrait une copie ; mais c'est à Poitiers que je l'ai vu, et par conséquent c'est une partie de mes anciens souvenirs poitevins dont j'ai entrepris de rendre compte.

SOIRÉES, VISITES.

Il y avait avant la révolution de 1789, comme plus tard, plusieurs sociétés entièrement distinctes. Peut-être même les lignes de démarcation étaient-elles alors plus prononcées, bien qu'aucune passion nouvelle ne fût encore venue contribuer à éveiller de nouvelles susceptibilités; mais les considérations particulières, moins étendues et moins écoutées, occasionnaient moins de mélanges exceptionnels. La naissance, la position sociale, les professions, les habitudes traçaient des limites de convention qu'il ne venait à l'idée de personne de songer à franchir... On sent qu'ici plus que jamais je me borne à raconter ce qui existait, sans chercher à rien discuter, à rien expliquer, à rien justifier.

Comme la société qui prenait elle-même, et à laquelle tout le monde se voyait entraîné par la force des choses à ne pas refuser le nom de *la première*, était celle qui se trouvait le plus en vue, comme ses usages offraient les caractères les plus profondément imprimés et les couleurs les plus vivement nuancées, ce sera d'elle que je m'occuperai davantage dans ce chapitre. D'ailleurs il est bien clair qu'en reconnaissant par le fait sa suprématie, les autres se laissaient aller, même sans paraître en avoir le projet, à la copier de plus ou moins près, sur presque tous les points, et que l'esquisse dont elle deviendra l'objet peut dès lors être considérée comme un tableau commun et général.

Lorsqu'on éprouvait l'envie d'aller dans le monde où l'on n'avait pas encore paru, on chargeait quelque habitué des maisons principales de demander la permission d'y être présenté par lui. Cet agrément, une fois obtenu, était suivi de visites entre les hommes, qui se faisaient toujours le matin ; on n'allait chez les dames que dans la soirée, et les deux marques de prévenance, quoiqu'elles eussent quelquefois lieu dans le même jour, étaient également obligatoires. S'il y avait plusieurs hommes dans la famille, il devenait convenable de les demander tous nominativement, et de laisser des billets pour chacun de ceux qui étaient absents; on se montrait très-strict et très-exigeant sur ces petites observances.

Non-seulement les occasions où toutes les différentes sociétés se trouvaient une fois en passant réunies dans le même local n'arrivaient que très-rarement, et n'étaient amenées que par des bals publics ou autres motifs du même genre, mais en outre on voyait fort peu de rassemblements généraux entre toutes les familles appartenant à la même société. On ne calculait point, comme à présent, le nombre des cartes à envoyer d'après la quantité mathématiquement exacte de pieds carrés dont la surface des appartements permettait de disposer ; on n'aurait pas considéré comme une fête digne de ce nom, ni même seulement comme une invitation d'accord avec les bienséances, l'appel fait à une multitude de personnes entassées de manière à ne pouvoir marcher, et pour ainsi dire, respirer qu'à tour de rôle. On voulait que chacun pût communiquer agréablement avec toute la société, et que le plaisir d'arriver jusqu'à ceux auxquels on désirait parler ne fût pas acheté par la fatigue et l'ennui d'être pressé, bousculé, chiffonné, froissé comme au milieu de la foule d'un champ de foire. Dans les bals, toujours composés de contredanses à huit, commodément espacées, les danseurs ne ressemblaient pas à un faisceau compacte de pilons amoncelés qui s'élèvent et retombent mécaniquement sur la même place ; les spectateurs pouvaient jouir à la fois de la variété des toilettes élégantes dont rien ne fanait la fraîcheur, et du déploiement des grâces et de la légèreté dont rien ne gênait la concurrence.

Les simples soirées de jeu n'étaient jamais des cohues ; il y avait sous ce rapport beaucoup moins de convocations directes et de rendez-vous assignés, que d'assemblées à demi fortuites et de réunions qui ressemblaient à des rencontres. Tous les jours on était certain de trouver dans plusieurs maisons différentes les acteurs nécessaires pour faire trois ou quatre parties, sans compter un petit cercle de quelques causeurs qui venaient mettre en commun leur récolte de nouvelles de la journée, et surtout les ressources de leur esprit toujours tenu en haleine par une habitude journalière de piquantes escarmouches. Trois ou quatre heures coupées de temps en temps par des visites de cérémonie, qui interrompaient seulement un instant la partie de la maîtresse de la maison, s'écoulaient aussi vite que quelques minutes. Puis, tout le monde ayant dîné de bonne heure, arrivait un souper sans prétention, sans apparat, composé de deux ou trois plats de résistance et d'un petit nombre d'assiettes de menues friandises, sorte de buvette banale où l'on se trouvait invité tacitement par le seul fait de sa présence au moment du service. Après ce repas dégagé de toute espèce d'étiquette, on rentrait dans le salon, et c'était alors véritablement que commençait ce qu'à Poitiers comme ailleurs on pouvait appeler l'instant du triomphe de l'amabilité française. Ce n'est point une prévention, ce n'est point une de ces choses qu'on s'accoutume à répéter sans attacher aux mots une valeur réelle; mais il est impossible à ceux qui n'ont pas connu les après-soupers d'autrefois, de bien apprécier l'effet miraculeux que semblait produire cette heure privilégiée. Il y a je ne sais combien de contes merveilleux où la baguette d'une fée exerce tout d'un coup, pendant un temps donné, l'influence magique la plus puissante sur tous les personnages que l'auteur met en scène : ces contes sont l'histoire fidèle des fins de soirée de ma jeunesse. Vainement on rêvera en France toutes ces régénérations, ces restaurations, ces réhabilitations de l'aisance et de la liberté de la bonne compagnie en goguettes dont on s'efforce de découvrir le secret, tant qu'on n'aura pas débuté par rétablir les après-soupers délicieux dont j'ai entrevu les derniers charmes.

Serait-ce encore possible ? j'avoue que j'en doute. Survînt-il un nouveau déluge qui préparât une nouvelle population susceptible de se façonner complétement au retour du plus effacé des usages de l'autre siècle, il ne resterait pas aujourd'hui un nombre suffisant d'hommes et surtout de femmes de ce temps-là, pour monter dans l'arche et sauver avec eux l'ancienne tradition.

Ce n'étaient point toujours les mêmes personnes qui se rendaient toujours dans les mêmes salons. On variait la destination de ses soirées, et souvent on en arrangeait d'avance l'emploi d'accord avec les gens de sa connaissance qu'on aimait à rencontrer. Indépendamment de cette troupe flottante, il y avait bien des habitués quotidiens ou seulement périodiques, c'est-à-dire qui se rendaient chaque soir dans la maison à laquelle ils s'étaient en quelque sorte inféodés, ou qui tout au moins ne manquaient pas d'y paraître à certains jours invariablement fixés de la semaine. Si, par hasard, ceux-là eussent fait défaut sans en avoir donné avis, on aurait envoyé dès le lendemain matin demander ce qui leur était arrivé, et savoir s'ils n'étaient pas malades.

Excepté dans des cas tout à fait extraordinaires, on ne faisait pas, ainsi qu'à présent, de ces tournées générales de prétendues visites où l'on va de rue en rue tirer, comme par entreprise, la sonnette des personnes mêmes auxquelles on accorde d'ailleurs à peine le titre de simples connaissances. On se présentait de temps en temps, mais non pas uniquement par manière d'acquit et de même que pour remplir une formalité, dans les maisons où l'on regardait soit comme un plaisir, soit comme un devoir, de donner une marque de souvenir. Ceux qui se seraient permis alors d'arpenter la ville en voiture pour faire frapper à chaque porte un domestique essoufflé, chargé de distribuer en courant des billets à la volée, sans s'informer si les maîtres étaient visibles, auraient été considérés comme coupables d'un acte offensant de singularité et d'impolitesse.

Les visites du premier de l'an étaient tout à la fois plus et moins restreintes qu'à présent. On n'allait pas dans un si grand nombre d'endroits; mais on y allait tout de bon. Il se distribuait moins de cartes, il se faisait moins de pas, mais il se consumait plus de temps. Comme en général on ne se présentait réciproquement que chez ceux qu'on désirait voir, comme il ne fallait pas que ce que j'appellerais avec les chasseurs la *randonnée* de chacun, fût terminée dans quelques heures, on était souvent reçu, parce qu'on demandait toujours à l'être. On eût regardé surtout comme une espèce d'impertinence de mettre en passant une carte dans les maisons dont les grandes portes aussi largement béantes que possible proclamaient à leur manière que le salon était ouvert. Les prévenances du commencement de l'année se faisaient, ainsi que toutes les autres, et même plus réellement encore, envers la majorité de ceux à qui on les adressait, avec une certaine bonne foi et une certaine conscience. On ne cherchait point une affectation d'importance ou tout au moins un passe-temps dans l'action de colporter des ballots énormes de billets, pour les débiter en détail à la porte de gens auxquels on n'avait jamais parlé, et que très-souvent même on ne saluait pas quand on les rencontrait. On ne tirait point vanité d'étaler à sa cheminée des billets obtenus par suite d'un simple échange matériel dont tant de gens se montrent si jaloux et si fiers maintenant, quoique tout le monde sache d'avance qu'il ne signifie au fond absolument rien. Il m'est arrivé, il y a quelques années, qu'en ouvrant la porte de la rue pour sortir de chez moi le premier janvier, je me trouvai en face de quelqu'un dont une main soulevait le marteau, tandis que l'autre était déjà toute braquée pour décocher un billet. — Pardon, Monsieur, me dit-il de l'air le plus affable; mais puisque vous voilà, voulez-vous bien permettre que ce soit à vous-même que je remette ma carte ? — Très-volontiers, Monsieur, lui répondis-je non moins gracieusement, et je profite de l'occasion pour vous rendre la mienne. Il n'eut pas l'air trop déconcerté de cet arrangement, et, sous le seul prétexte de la multitude des courses qu'il avait encore à faire, il refusa la proposition que je lui adressai, avec quelque insistance, de se reposer une minute. Nous nous quittâmes, lui, qui ne connaissait que le présent, satisfait d'avoir accompli à mon égard la politesse de l'époque, et moi, qui n'avais pas oublié le passé, portant un souvenir de regret vers la cordialité du moins apparente que j'avais vue régner autrefois dans les relations du même genre.

Les maisons que j'appellerais presque de réception continue, donnaient peu de ces galas qui retracent à la mémoire le classique festin tant de fois cité des noces de Gamache. On ne voulait pas paraître, comme il arrive souvent aujourd'hui, apurer du même coup ses comptes arriérés, avec une partie des invités, et se mettre par précaution pour longtemps en avance à l'égard des autres. Les gens riches réunissaient, presque de fondation, au moins une fois par semaine, dix-huit ou vingt convives autour d'une table de demi-cérémonie, où ils passaient successivement en revue amicale les membres de leur société la plus habituelle. En tout on se voyait avec moins de fracas et d'étalage, mais avec beaucoup plus de suite et d'agrément (1).

MAITRES D'AGRÉMENT.

Nos artistes poitevins donnaient alors leurs leçons à des prix très-modestes. Six francs pour vingt cachets était le taux à peu près commun. Quelques-uns exigeaient neuf francs, mais il fallait pour cela une réputation acquise et une grande vogue.

L'instrument de musique le plus essayé était le violon; il y avait peu de jeunes gens qui n'apprissent à jouer plus ou moins faux des contredanses; mais on regardait comme des virtuoses ceux qui pouvaient faire entendre

(1) La formule d'invitation à dîner communément employée était la suivante qu'on écrivait sur le dos d'une carte à jouer: « M. et Mme. » prient M. et Mme., de leur faire l'honneur de venir manger de leur » soupe, tel jour.»

quelques notes dans un quatuor de Pleyel. Les femmes qui parvenaient aux environs de la trentième force actuelle sur la harpe ou le clavecin, passaient de même pour des muses.

Quant au dessin, la plupart des jeunes personnes le poussaient jusqu'au point de savoir tracer des fleurs pour un patron de broderie ; presque tous les élèves qui entreprenaient de manier le crayon s'estimaient assez grands peintres quand ils réussissaient à figurer quelques maisonnettes dont les lignes verticales n'atteignissent pas tout à fait une inclinaison de quarante-cinq degrés, ou bien à placer ensemble dans un polygone irrégulier des yeux et une bouche qui ne fussent que tant soit peu de travers.

Comme on tâchait, à cette époque, de danser, dans la vraie signification du mot, les maîtres qui enseignaient cet art avaient beaucoup d'emploi. Outre les écoliers tout à fait novices, les zéphires consommés manquaient rarement de retremper chaque année leurs pieds légers à la source rafraîchie des entrechats, des rigaudons et des jetés-battus. Ce n'était pas une petite affaire que de dessiner avant qui que ce fût un pas nouveau sur le parquet du premier salon où l'on venait voltiger.

Il y avait une certaine bonne grâce générale de convention qu'il fallait absolument posséder. C'était d'après les prescriptions de ce code impératif que la jeunesse bien élevée devait marcher, saluer, s'asseoir, se tenir sur son siége, se lever, offrir ou donner la main; enfin tous les mouvements étaient, pour ainsi dire, réglés avec autant de détail que ceux de l'exercice militaire. Les maîtres à danser distribuaient longuement en théorie et en pratique les principes de cette science. Je me souviens que le nôtre nous faisait chaque jour recommencer la présentation du cachet, lorsqu'il trouvait que, malgré ses explications répétées, le coude n'était pas assez arrondi et le poignet assez mollement incliné.

Trois maîtres de danse renommés à Poitiers quelques années avant la révolution, se disputaient le sceptre du menuet de la Cour et de la Monaco. L'un, homme de soixante ans au moins, beaucoup plus gros et surtout plus large qu'il ne convenait même à sa taille de cinq pieds sept à huit pouces, portait sur ses épaules très-hautes une énorme tête carrée coiffée d'une perruque à bourse avec deux rangs de boudins sur les oreilles. Le second, à peu près bâti et coiffé comme le premier, mais moins grand, et un peu moins âgé, avait en revanche le dos orné d'une protubérance de dimension éminemment prononcée. Tous deux étaient vêtus d'un ample et long habit à la française, sous les basques duquel ils cachaient non pas une pochette, mais un immense violon. Le troisième, jeune encore, se distinguait par une tournure élancée, un mouvement de tête continuel tout particulier, une toilette si recherchée qu'on l'accusait de se mettre du rouge, des airs affectés, et une importance passée en proverbe, qui lui faisait refuser avec dédain les élèves qu'il ne jugeait pas dignes de lui. Une servante lui portait son violon, et il regardait comme une preuve de supériorité de manquer habituellement d'exactitude. Les fidèles portraits de ces trois prototypes suprêmes des belles façons et des nobles manières, hommes d'ailleurs excellents sous tous les rapports essentiels, paraîtraient aujourd'hui de bien plaisants modèles ! O effet de la différence des temps et de la succession des siècles !...

Hors des acceptions propres, ou de l'énoncé des

figures de contredanse qui a conservé son idiome spécial, personne ne s'avise plus aujourd'hui de faire usage du mot *cavalier*. Eh bien ! dans les jours fleuris de mon printemps, ce terme, auquel on joignait tour à tour les superlatifs les plus délicatement choisis, était le seul qu'il fût permis de prononcer dans la bonne compagnie pour faire l'éloge d'un homme ou seulement pour le désigner. Il n'était question que de *jolis cavaliers*, de *beaux cavaliers*, de *cavaliers accomplis*; on ne voyait auprès des dames que *cavaliers galants*, et pas une d'elles n'aurait voulu aller à la promenade sans un *cavalier* pour lui offrir son bras, ou entrer dans un salon sans un *cavalier* qui lui donnât la main. L'emploi de cette qualification avait tellement tourné en habitude, que dans une société où l'on parlait d'une femme devenue mère la veille, une dame ayant demandé si ce n'était pas une fille qu'elle avait eue, le mari, qui se trouvait présent, répondit avec un air de triomphe : Pardon, madame, elle est accouchée d'un *cavalier*..... Le conte est-il bien de mise à propos de souvenirs archéologiques ? Je n'oserais pas trop le garantir ; mais il me semble qu'à propos de maîtres de danse on peut me le pardonner.

SALLE DE SPECTACLE.

La salle de spectacle était placée vers le bas de la rue de l'Ancienne-Comédie. Vu qu'elle n'avait qu'une seule sortie sur cette rue très-peu large, avec des abords embarrassés et difficiles, le moindre événement arrivé dans l'intérieur aurait pu produire les résultats les plus funestes.

Sa forme figurait un carré long : elle était petite,

étroite et fort peu élevée. Aucun ornement soit d'architecture, soit de sculpture et même de peinture digne de ce nom, ne décorait ses murailles enfumées et crasseuses. C'était un ancien jeu de paume, dans lequel on avait pratiqué un double rang de galeries ; l'un divisé par cases servant de loges, l'autre formant, sur les côtés, les secondes places, et au milieu le paradis. Derrière un orchestre garni de mauvais bancs, qu'on appelait le parquet, s'étendait un parterre où l'on restait debout. On y parvenait, ainsi qu'à l'orchestre, par un seul escalier de plusieurs marches que quatre ou cinq personnes auraient eu peine à descendre de front. C'étaient les loges qui se trouvaient au niveau de ce qu'on osait nommer le vestibule d'entrée. Tous les corridors disputaient entre eux d'exiguité. Le théâtre, presque sans avant-scène, n'avait d'ailleurs que très-peu de développement. Pas d'espace pour l'emploi des machines les plus simples ; point d'autres loges pour les acteurs que de véritables bouges formés dans des encoignures, touchant presque aux coulisses, et où il fallait s'habiller en commun ; point de foyer ni pour le public, ni pour les comédiens ; des décorations mesquines, déchirées, couvertes de taches, et la plupart ridicules par leur exécution. On ne saurait en un mot imaginer d'ensemble plus misérable.

Il y avait à Poitiers une troupe à peu près permanente ; mais la garnison et l'école de droit fournissaient la plus grande partie des spectateurs. Beaucoup de femmes, surtout de la première société, s'abstenaient de ce genre de plaisir, les unes par scrupule, les autres à raison des scènes particulières qui venaient souvent troubler l'ordre. C'était surtout au spectacle que les officiers et les étudiants se prenaient journellement de querelles, qui, après avoir parfois excité un tumulte public, entraînaient presque toujours des suites personnelles fâcheuses. La police, même intérieure, était remise à l'autorité militaire; et outre que l'officier de garde avait à remplir une mission très-scabreuse en elle-même, son âge, son caractère, et mille motifs accessoires contribuaient fréquemment à la rendre plus délicate.

On peut remarquer comme variation de langage, qu'à cette époque les qualifications d'acteurs et d'actrices étaient fort peu usitées ; il n'était question que de comédiens et de comédiennes. Le mot même de spectacle ne s'employait guère habituellement : quoique les représentations ne fussent dans certains temps composées que de pièces lyriques, et qu'il n'y eût qu'une troupe d'opéra, on disait toujours : Je vais à la comédie.

POSTES, JOURNAUX.

D'après le système d'organisation actuelle des postes aux lettres, on aurait peine à croire que j'ai vu un temps où le courrier de Paris n'arrivait que deux fois par semaine à Poitiers, et par conséquent dans toutes les villes situées sur cette ligne. Et cependant le gouvernement n'avait pas alors de télégraphes à ses ordres. Il est vrai qu'il lui restait la ressource des courriers, et il l'employait assez souvent ; mais le nombre des dépêches ordinaires était des centaines de fois moins considérable, et, par une suite qui ne manque jamais de se faire remarquer, celui des correspondances particulières se trouvait beaucoup plus restreint. Le commerce à son tour faisait apparemment moins d'affaires, ou connaissait un moyen de les traiter avec plus de simplicité ; enfin deux distributeurs suffisaient grandement pour le service de toute la ville.

Il faut bien convenir qu'une portion notable de l'emploi des malles-postes demeurait totalement inconnue ; c'était le transport des journaux. Outre quelques publications savantes, la capitale n'envoyait guère en province que deux feuilles périodiques : la Gazette de France et le Mercure de France.

La Gazette, dans ses quatre petites pages d'un très-petit in-quarto, donnait, tous les trois et quatre jours alternativement, en fort gros caractères, les nouvelles de la cour, de l'académie, des théâtres, un peu de la guerre lorsqu'il y en avait quelque part. Quant à la politique proprement dite, jamais un mot. D'ailleurs, cette occupation d'une si grande partie de nos moments, ce sujet d'une si grande quantité de nos conversations n'existait pas alors, du moins pour le public. Les secrets diplomatiques demeuraient ensevelis au fond des cabinets ; et ce n'était pas dans les cafés ou sur les places publiques, dans les salons ou même dans les boudoirs, que se discutaient les intérêts de l'Europe.

Le Mercure de France, qui paraissait tous les huit jours, contenait de fondation, à la suite de cinq à six pièces de vers d'amateurs des quatre points cardinaux du royaume, une charade, une énigme et un logogryphe. Tels étaient les trois principaux motifs de l'impatience avec laquelle on attendait toujours son arrivée ; tels étaient les sujets de conversation les plus animés dans toutes les sociétés ; chacun attachait un prix infini à faire assaut de pénétration, et la renommée d'OEdipe éprouvé s'élevait presque à l'égal de celle d'homme à bonnes fortunes. Quelques personnes lisaient les notices étranglées que contenait aussi le Mercure sur les ouvrages nouveaux : mais dans plus d'une maison, ces feuillets-là n'étaient seulement pas coupés. Mallet du Pan joignait au recueil littéraire, dans une partie séparée que beaucoup de souscripteurs ne faisaient pas venir, un journal intitulé de Bruxelles, qui donnait, disait-il, des nouvelles sûres de tout ce qui se passait chez les différentes puissances du continent, et même en Amérique. Mais comme la censure existait alors pour tout ce qui s'imprimait en France, on ne trouvait là que ce que le gouvernement voulait bien laisser publier. Les gens qui s'occupaient réellement un peu des affaires sérieuses, et qui désiraient d'être autant que possible informés de ce qui pouvait s'appeler les véritables événements politiques, s'abonnaient à une feuille étrangère imprimée en Hollande, et, par parenthèse, sur un papier et avec des caractères détestables, sous le titre de Gazette de Leyde. On y trouvait un peu plus de hardiesse et d'indiscrétion, parce qu'il y avait moins de surveillance et d'entraves; mais pour juger parfaitement du degré de confiance que méritait au fond l'indicateur public le plus accrédité, il est bon de savoir qu'à la fin de chaque numéro revenait invariablement la formule suivante : N. B. *On ne garantit ni la vérité, ni l'authenticité d'aucune de ces nouvelles.*

A ces à peu près uniques feuilles périodiques générales, se joignaient, pour notre ville et notre province, les hebdomadaires Affiches du Poitou, qui apprenaient fidèlement combien il y avait de maisons à vendre et de chiens perdus; qui donnaient le relevé des hypothèques, l'annonce des naissances, mariages ou décès un peu marquants, et le récit des événements locaux ; le tout lardé de quelques lettres au rédacteur, qu'il s'adressait, dit-on, souvent lui-même sur des sujets plus ou moins insignifiants; puis enfin presque toujours des pièces appelées de poésie, car alors tout le monde voulait être versificateur, comme aujourd'hui tout le monde veut être écrivain en prose.

Telles étaient les provisions de richesses intellectuelles qui défrayaient les moments de loisir et surtout les soirées des bons propriétaires de l'époque, indépendamment des parties de whist, de piquet et de reversis; car le boston n'était pas encore sorti de l'imagination de son inventeur, et l'écarté n'avait pas encore osé franchir les portes de l'antichambre.

Du reste il n'existait ni salons littéraires, même pour jouer au billard et aux dames polonaises, ni cabinets de lecture. La plupart des couturières ne savaient pas lire, t par suite personne ne songeait à fabriquer des romans historiques pour elles. Deux petits libraires tiraient bien d'un petit coin de leur petite boutique quelques bouquins ou quelques chefs-d'œuvre de la bibliothèque bleue, qu'ils louaient par-ci par-là; mais leur collection était si bornée, les amateurs étaient tellement clair-semés, que si je parle de ces atomes de magasins d'esprit à tant par mois ou par volume, c'est uniquement pour constater combien à Poitiers, comme ailleurs, le siècle a *progressé* sur ce point, ainsi que sur une infinité d'autres.

LOCUTIONS.

Ce n'est pas uniquement sur les choses matérielles, sur les institutions sociales, et même sur les usages communs de la vie, que le temps exerce son influence: ce n'est donc pas uniquement sous ces divers rapports que le Poitiers d'aujourd'hui a cessé d'être le Poitiers d'avant 1789. Non-seulement on ne fait plus, sur une infinité de points, ce qu'on faisait autrefois; mais même on s'exprime dans une multitude de circonstances d'une manière toute différente. Sans doute pour cette occasion, comme déjà pour beaucoup d'autres, je ne prétends pas que mes remarques soient exceptionnellement particulières à notre ville : plusieurs, je l'ai reconnu, la plupart même, sauf celles qui tiennent à des détails topographiques ou purement spéciaux, peuvent aussi s'appliquer à d'autres parties de la France. Mais enfin, puisque les changements que j'indique ont eu lieu chez nous, puisqu'ils ont produit sur nous des effets directs, ils doivent tenir leur place dans le parallèle entre notre présent et notre passé. Que notre histoire, sous ce point de vue, soit en même temps celle de beaucoup d'autres, elle ne cesse pas pour cela d'être notre histoire ; et le tremblement de terre qui se fait sentir dans un grand nombre d'endroits à la fois, n'en est pas moins pour chacun d'eux un événement local.

Ainsi donc, même au risque de faire résonner ailleurs les échos, il faut bien, pour ne pas laisser trop de lacunes dans le cadre que je me suis tracé, joindre à l'observation de la disparité des choses celle des variations du langage. Ce n'est pas que je veuille entreprendre d'offrir un lexique complet de la langue qui me semble quelquefois avoir succédé à celle qu'on parlait dans ma jeunesse ; la tâche serait trop étendue, et demanderait non moins de temps que n'en met l'Institut à refaire le Dictionnaire de l'Académie ; mais je veux, pour fixer aussi en passant l'attention sur ce point, signaler quelques manières de s'exprimer, qui, devenues maintenant vulgaires et même d'un usage presque universel, auraient eu besoin, cinquante ans plus tôt, sinon toujours d'une traduction, tout au moins d'un commentaire.

J'insiste de nouveau pour qu'on veuille bien se rappeler que je ne juge rien, que je ne tire aucune induction, aucune conclusion : je fais des remarques et point de critiques; en réduisant mes souvenirs à leur juste valeur, je tâche de leur donner non la malignité mordante d'un feuilleton, mais la simplicité naïve d'un procès-verbal.

Par exemple, l'homme qui venait chaque mois couper mes cheveux, et chaque jour *accommoder*, c'est-à-dire crêper, pommader et poudrer ceux de mon père, s'appelait tout bourgeoisement un *perruquier*, bien que les chevelures postiches, auxquelles se rapporte plus directement ce mot, ne fussent pas aussi communes qu'aujourd'hui. Le *coiffeur* actuel, qui fait beaucoup moins d'accommodages et plus de perruques que son devancier, serait presque disposé à se fâcher si on lui donnait le même titre qu'à cet honnête industriel *enfoncé*, que dis-je ? *défrisé*, c'est ici ou jamais le mot propre, par le caprice de la mode. L'ingrat, il renie le nom comme la houpe et le sac de celui qui fut son maître, tout en s'emparant de son peigne, de son fer et de ses ciseaux !... En revanche, la femme qui montait les bonnets et garnissait les fichus de ma mère, n'était connue que sous la qualification de *coiffeuse*; celle de *marchande de modes* n'était pas encore inventée. Eh bien ! d'une part les *coiffeuses* sont entièrement submergées dans l'oubli le plus profond, c'est désormais un mot entièrement vide de sens ; de l'autre il n'y a plus que les barbiers de village qui sur leurs enseignes s'intitulent *perruquiers*. Et l'on dira que les réflexions sur l'instabilité des choses humaines ne sont qu'un lieu commun déclamatoire !

On parcourrait en entier non pas seulement notre antique cité, mais tout le royaume, sans pouvoir découvrir un *apothicaire* ; il est vrai qu'en compensation, il existe des *pharmacies* par douzaines, et que l'on en rencontre jusque dans des bourgades. Je me souviens même d'avoir vu, en passant par une petite ville de nos contrées, un fabricateur de juleps, qui, trouvant que le siècle ne marchait pas assez vite sur la voie de réforme des vieilles indications, avait écrit au-dessus de sa porte en magnifiques lettres dorées : OFFICINE. Mais quelque temps après, ce beau mot disparut : les paysans des environs, trop peu avancés encore pour le comprendre, s'étant figuré que le savant manipulateur avait changé l'objet de son commerce, n'allaient plus lui demander des remèdes, d'abord pour leurs bestiaux, et ensuite pour leurs enfants et leur femme. Même dans le siècle des lumières, il faut *parler chrétien, afin qu'on vous entende.*

D'après le dicton si connu, il est tout-à-fait pertinent de remarquer, à propos d'apothicaires, que ce n'est plus un *mémoire*, mais une *note* qu'on demande ou qu'on présente, lorsqu'il s'agit de quelque fourniture à payer. Il est fâcheux qu'en empruntant aux bureaux des administrations et des ministères cette dénomination peut-être un peu ambitieuse à l'occasion d'un paquet d'allumettes ou de toute autre affaire d'une aussi haute importance, les cuisinières, les blanchisseuses et tant d'autres faiseurs ou faiseuses de *notes* n'aient pas porté plutôt l'ardeur d'innover vers le soin de modifier un peu leur orthographe. A vrai dire, en dépit de toutes les écoles, mutuelles ou non, cette partie de la propagation des connaissances humaines se montre encore tout-à-fait digne du pauvre siècle arriéré dont on cherche si fort à s'éloigner sur des points qui offrent peut-être un peu moins d'intérêt et d'utilité que celui-là.

Quand un jeune homme ou une jeune fille se destinent maintenant à quelque profession, ce n'est plus un *métier* mais un *état* qu'ils *apprennent*, sans s'inquiéter si la grammaire approuve cet envahissement prétentieux de l'amour-propre. Aussi le savetier et la ravaudeuse, qui se vantent fièrement de connaître parfaitement leur *état*, paraissent-ils tentés de rire de pitié lorsqu'il lisent ou qu'ils entendent dire que les littérateurs les plus célèbres, les généraux les plus illustres, les diplomates les plus habiles, travaillaient jadis toute la vie pour tâcher de savoir leur *métier* le moins mal possible.

L'ancien commerce et l'ancienne industrie, même du plus haut degré, appelaient *boutique* tout local où se débitaient en détail les produits que le public venait chercher à prix d'argent. Il pensait avec le Dictionnaire de l'Académie qu'un *magasin* est « un lieu où l'on » gardé, où l'on serre un amas de marchandises ou de » provisions. » Personne n'aurait donc songé à donner ce nom gigantesque à l'étroit réduit où le petit marchand et l'ouvrier qui n'a pour atelier qu'une simple table, exercent un négoce dont tous les objets réunis rempliraient à peine deux caisses de médiocre grandeur. On appelait alors *magasins*, de vastes pièces situées à la suite ou au-dessus de la *boutique*, et contenant un supplément aux marchandises courantes qui composaient l'étalage de celle-ci. D'un autre côté, on ignorait entièrement l'existence de ces SALONS *de coiffure, de chaussure, etc.*, dont quelquefois la surface suffit à peine, en ne perdant pas un demi-doigt de son étendue, pour atteindre un développement de deux pas carrés, lorsque même ils sont assez immenses pour arriver jusque-là.

Dans presque toutes les maisons de vente il y avait des *filles de boutique*, humbles chrysalides des brillantes *demoiselles de comptoir* qui devaient éclore plus tard. J'ai encore vu la fin du temps où les femmes mariées appartenant au commerce et aux classes moyennes ne recevaient que la qualité de mademoiselle; celle de madame était réservée uniquement à la noblesse et aux rangs supérieurs de la société. L'homme le plus haut placé dans le monde disait, comme il le dit encore à présent, qu'il était allé se promener avec sa *femme* et ses *filles*; mais, en revanche, le citoyen des degrés inférieurs, en descendant jusqu'au simple artisan, ne demandait pas à son voisin, ainsi qu'on l'entend tous les jours maintenant, s'il comptait sortir avec son *épouse*, ou même quelquefois sa *dame* et ses *demoiselles*.

On rit des titres et des particules de fabrique qui pullulent aujourd'hui avec une sève beaucoup plus abondante et plus productive que jamais, et l'on a grandement raison; mais il semble que de son côté le peuple veuille établir à son profit une concurrence proportionnelle relativement aux qualifications. Si l'on voit à présent plus de *comtes* et de *marquis* apocryphes, on était loin de posséder autrefois les myriades de *messieurs* et de *dames* au milieu desquels nous avons l'*honneur* de vivre (1). *Le nommé* un tel, *la* une telle, étaient les dé-

(1) Expression entachée de caducité, à laquelle beaucoup de gens ont substitué l'*avantage*. Je me souviens, à cette occasion, d'avoir lu que la femme d'un gouverneur envoyé dans les îles françaises avant la révolution, ne pouvait pas s'accoutumer à entendre les dames créoles lui répondre qu'elles auraient ou n'auraient pas *le plaisir* de se rendre à ses invitations. Une d'elles, lui demandant si elle trouvait quelque chose qui la frappât dans les usages des colonies : Mais oui, répliqua-t-elle; j'ai remarqué, par exemple, qu'ici presque toutes les femmes paraissent préférer *le plaisir* à *l'honneur*.

nominations usitées, on peut même dire généralement convenues et acceptées, lorsqu'il s'agissait des classes où sans doute la Providence a placé des gens très-honorables, mais auxquelles la société n'avait pas jusqu'alors départi de qualités honorifiques. Il est assez remarquable que depuis que la France a déclaré vouloir prendre pour base de ses institutions les principes de la démocratie, l'orgueil aristocratique ait surgi de toutes parts dans sa langue. Il n'existe plus, du moins d'après les termes, ni plébéiens ni prolétaires. J'ai passé dernièrement un contrat de vente avec deux sœurs, qualifiées *demoiselles* par l'acte, et l'une et l'autre étaient servantes de basse-cour dans les deux plus petites métairies du canton ; j'ai entendu, il n'y a pas longtemps, une femme à demi couverte de haillons répondre, en tendant la main pour recevoir l'aumône, à quelqu'un qui lui demandait le nom de deux autres coureuses de rue, aussi déguenillées qu'elle-même : « Celle-ci est madame.... et celle-là madame.... » — Ai-je besoin de dire que ce ne sont pas là des souvenirs du Poitiers d'avant 1789 ?

Les ouvriers et les marchands avaient des *pratiques* : mais bien que les études en histoire ne fussent pas très-approfondies, on savait que dans l'ancienne Rome les patriciens soutenaient juridiquement les intérêts des familles plébéiennes placées sous leur *patronage*, et que ceux dont ils défendaient ainsi la cause devant les tribunaux étaient appelés leurs *clients*. Par analogie, les avocats modernes avaient pris l'habitude de donner ce nom aux personnes pour lesquelles ils plaidaient. Peu à peu, et toujours par extension analogique, les procureurs et les notaires se sont hasardés à établir le même rapport de désignation entre eux et les gens ayant recours

à leur ministère; entraînés par l'exemple, les médecins en sont aussi venus à se composer une *clientèle* de la troupe plus ou moins nombreuse de leurs malades : mais avant le grand brouillement général qui a tout-à-fait opéré la confusion des mots en même temps que celle des choses, les commis d'un vendeur de ratine ou de camelot n'auraient certes jamais conçu la singulière pensée d'appeler *clients* de leur *patron* ceux qui, bourse en main, *levaient* chez lui de quoi se faire habit, veste et culotte de la même étoffe et de la même couleur, ainsi qu'on les portait souvent alors. Cette désignation aurait semblé en pareil cas une interversion dans les idées, et même une inconvenance dans les termes, puisque la qualité de *client* emporte avec elle un caractère d'infériorité, et que celui qui se fait servir pour son argent est toujours par le fait au-dessus de celui qu'il paye. A plus forte raison, les ouvriers exerçant même les professions les moins relevées se seraient bien gardés de prétendre à leur tour, encore par suite de la cascade d'analogies dont je parlais tout à l'heure, se métamorphoser en Valérius ou en Claudius, et traiter de *clients* ceux qui avaient la bonté de leur commander un chapeau ou une paire de souliers. A coup sûr, si le souverain dispensateur de nos destinées, au lieu de me permettre d'arriver à l'âge où je suis parvenu, eût fixé le terme de ma carrière aux premiers jours de la révolution, je n'aurais pas eu la jouissance précieuse d'ouïr s'échapper de la bouche d'un de nos cordonniers poitevins la phrase suivante, que je rapporte dans toute l'exactitude d'une judaïque littéralité : « Je peux bien jurer sur ma parole d'honneur la
» plus sacrée, que pas un de mes *collègues n'ai* une
» *clientaine* aussi *conséquente* que moi ! »

On voit par la citation que je viens de faire, et on peut remarquer souvent dans le langage commun, que *clients* n'est pas la seule expression détournée de son vrai sens par l'emprunt abusif que le langage français des temps nouveaux a fait à l'idiome romain de la vieille république. Tout le monde ne sait pas, ou beaucoup de gens oublient souvent que le mot *collègue* désigne, dans son acception réelle, l'homme qui a reçu quelque délégation ou quelque commission semblable à celle qu'un ou plusieurs autres hommes tiennent d'une même autorité dont ils sont tous également les mandataires. Les associations qui se forment d'elles-mêmes, qui se donnent toutes seules leur mission et leur titre, ne constituent entre les membres dont elles se composent qu'une *confraternité*. Ainsi des magistrats, des officiers, des administrateurs d'un ordre identique, sont *collègues*, parce que le pouvoir ou l'action qu'ils exercent découle de la même source étrangère à leur essence et à leur volonté personnelles. Des avocats, des académiciens, des médecins, des artistes, sont *confrères*, parce que les liens et les rapports qui les unissent ne dérivent que d'eux-mêmes, et ne leur attribuent aucune tâche obligée, ni aucune portion d'autorité confiée par un mandat ou une nomination hors de leur propre puissance. La confusion entre les mots *confrères* et *collègues* s'est d'abord introduite, par défaut de réflexion, dans les catégories auxquelles est attaché l'un ou l'autre titre. Ensuite les classes ouvrières les plus inférieures étant arrivées par imitation à se donner des *clients*, elles ont jugé qu'il n'était pas moins naturel d'avoir des *collègues*, et le pas a été aussitôt franchi. Je ne désespère point de voir quelque jour cette qualité, qui n'exprime pour la multitude ignorante qu'une conformité de situation ou d'existence quelconque, descendre jusqu'aux mendiants, lorsqu'ils parleront les uns des autres. Il y a déjà des ivrognes qui, le verre à la main, traitent de *collègues* leurs camarades de bouteille.

Parmi tous ces sens dénaturés, inouïs jadis, et qui forment presque aujourd'hui un nouveau genre de tropes, il en est un encore non moins marquant et non moins multiplié que ceux dont je viens de faire mention. Il y a soixante ans, les hommes employés à l'instruction de la jeunesse étaient divisés en deux classes bien distinctes : les professeurs ou régents, et les maîtres. Le premier titre annonçait, conformément à son étymologie, la promulgation publique, la discussion en règle, la démonstration raisonnée, l'enseignement approfondi d'une doctrine ou d'une science toute du domaine des facultés spirituelles ; le second, moins explicitement approprié, promettait des leçons extérieures de tous les arts qui s'appliquent au développement de quelque aptitude, de quelque disposition purement corporelle et pour ainsi dire mécanique. Ainsi l'on étudiait la théologie, le droit, l'algèbre, la rhétorique sous des *professeurs*, et l'on apprenait la danse, la peinture et l'équitation avec des *maîtres*. La révolution, qui en touchant à tout a semé plus d'un ridicule sur le terrain d'où elle voulait seulement, disait-elle, déraciner les abus, n'a pas manqué de laisser dans cette partie des anciennes institutions des traces de son passage. Déjà depuis longtemps Molière avait bien montré en plaisantant, à propos de l'éducation un peu tardive du bon M. Jourdain, la danse et l'escrime prétendant traiter, pour un instant, de puissance à puissance avec la philosophie ; mais un triomphe plus complet et plus durable a sérieusement, sinon fait descendre les *professeurs* de la chaire doctorale, autorisé les *maîtres* à s'y asseoir *verbalement* auprès d'eux, s'il est permis, même par le code romantique, de s'exprimer ainsi. La qualification antérieurement exclusive est donc devenue commune, et dans un siècle où les *professions* de foi qui se succèdent si souvent, sans toujours se ressembler, auraient dû mieux établir encore la véritable signification du verbe *professer* et de ses dérivés, on a fait dire à ce mot *plus de choses qu'il n'est gros.* Ainsi l'on *professe* également les vérités métaphysiques et l'écriture anglaise, les principes de l'histoire et le plongeon en chandelle, les éléments d'Euclide et les triples croches, le dogme religieux et le galop ou la polka.

Je pourrais facilement étendre beaucoup ces rapprochements entre le vocabulaire du temps actuel et celui de mes jeunes années : mais j'en ai assez dit pour mettre les observateurs sur la ligne de ces comparaisons parfois passablement plaisantes, et voilà tout ce que je me proposais. Je remarquerai seulement que dans le siècle d'Horace, c'était l'usage (*si volet usus*) qui réglait la manière de parler, et que dans le nôtre, c'est la vanité. Parmi les changements d'expressions que j'ai indiqués, il n'en est effectivement pas un qui ne procède uniquement du désir insatiable que chacun éprouve de s'élever en paroles au-dessus de sa position de fait ; et ces diverses innovations linguistiques contiennent autant de germes de petites usurpations sociales.

RUE DE LA BAUME, BLOSSAC.

M. de Blossac, qui a tant fait pour le Poitou et surtout pour la ville de Poitiers, voulut la doter d'un établissement de plus, en y créant une fabrique de vers à soie. Il consacra à cet usage la grande maison bâtie exprès dans la rue de la Tranchée, vis-à-vis de la rue de la Baume. C'était là que se faisaient l'éducation des vers et la récolte de leur produit. Les mûriers destinés à leur nourriture remplissaient de grands terrains vides situés le long de la Baume, et l'intérieur des carrés de la promenade de Blossac. Cette manufacture était tenue par la famille du maître d'hôtel de l'Intendance, dont un des fils a su se placer de lui-même dans le rang des hommes extraordinaires dont notre ville fut le berceau. Passé dans les pays étrangers au commencement de la révolution, il se distingua tellement, pendant une longue suite d'années, sous les drapeaux de différentes puissances, qu'il sut conquérir par sa valeur et ses talents, ainsi qu'au prix de nombreuses blessures, les premiers grades militaires et le titre de baron. Sa poitrine était couverte des insignes de plusieurs ordres, tous gagnés sur les champs de bataille, et entre autres de cette croix de Marie-Thérèse dont le petit nombre de ceux qui l'obtiennent, et l'éclat des actions qui peuvent seules y donner des droits, a fait la première décoration de l'Europe aux yeux des guerriers.

La rue de la Baume existait avant la révolution dans ses dimensions actuelles. On ne voyait sur toute sa longueur d'autres maisons que celle qui fait le coin à gauche, et la suivante, en venant de la rue des Trois-Piliers. L'autre bout, du même côté, se terminait, comme aujourd'hui, par un jardin particulier. Tout le terrain de droite et le milieu de celui de gauche étaient de vastes enclos appartenant au domaine public, et consacrés aux plantations de mûriers dont j'ai parlé plus haut. La nudité des murs d'enceinte de ces enclos était dissimulée par deux rangées d'arbres formant berceau de verdure, et servant d'ombrage à des ateliers de corderie.

Beaucoup de gens appelaient cette rue presque sans bâtiments, la Baume des Capucins : elle semblait en effet avoir été percée et plantée pour faire une avenue au devant de la porte d'entrée de l'église de ce couvent, dont elle se trouvait cependant séparée par la largeur de la rue du Petit-Séminaire.

L'entreprise des vers à soie n'ayant pas eu tout le succès désirable, et, soit défaut de culture, soit à cause de la nature de la terre, la végétation des mûriers ayant peu prospéré, M. Boula de Nanteuil, successeur de M. de Blossac, fit employer à la création d'un jardin botanique l'enclos situé à droite de la rue de la Baume, et borné des deux bouts par celles de la Tranchée et des Capucins. Cet établissement parfaitement tenu, où le public était admis à se promener, et de la vue duquel les passants pouvaient jouir, au moyen d'une grille de fer ouvrant sur la rue de la Tranchée, subsista jusqu'à la révolution. Alors, dit-on, d'après la demande d'un des puissants du jour, qui avait jeté son dévolu sur ce terrain, les plantes furent transportées dans le jardin du collége, changé en école centrale. Lorsque celle-ci fit place au Lycée, le jardin botanique émigra aux Pénitentes ; puis cette maison étant devenue le séminaire, il fut établi près des boulevards ; enfin il trouva place dans un coin de la pépinière départementale, métamorphosée depuis en magnanerie modèle. Quoi qu'il en puisse être à l'avenir, on doit espérer que cette dernière translation, qui date déjà de plusieurs années, a été la conclusion et le terme des voyages du pauvre jardin botanique.

En suivant une rue étroite et tortueuse ou plutôt un véritable chemin, sans trouver autre chose, sur la gauche, que le mur de clôture et la porte charrière des Capucins, puis, sur la droite, encore des murailles et les petites portes de derrière de quelques jardins, on arrivait sur la sorte d'esplanade irrégulière qui précédait la grille de Blossac. On se sentait alors tout étonné d'apercevoir un si beau coup d'œil à la suite d'une telle avenue. Avant que la reconnaissance publique eût donné à cette magnifique promenade le nom de l'administrateur dont elle est le bienfait et l'ouvrage, on l'appelait *les Gilliers*, en mémoire des anciens propriétaires du terrain qu'elle occupe : cette dénomination n'est pas entièrement perdue ; c'est même la seule dont se servent plusieurs vieillards.

Sauf ce que je dirai bientôt de la partie de Blossac nommée le Labyrinthe, et peut-être quelques détails peu importants par eux-mêmes, j'ai toujours vu la promenade telle qu'elle était avant qu'on eût, il y a peu d'années, renouvelé la plantation des allées du milieu.

La grille du centre, qui donne sur la rue de la Tranchée, n'était pas comprise dans le premier plan, et n'a pas précédé de beaucoup la révolution. La plate-bande ou frise qui est au-dessus des vantaux contenait en lettres de fer contourné cette inscription : *Parc de Blossac*, dont on fit ensuite *Parc National*, et qu'on a remplacée définitivement par des ornements insignifiants de leur nature. La sortie de droite, à l'extrémité de la terrasse du bout, était autrefois fermée par une petite porte pratiquée dans un pan de muraille : plus tard on agrandit l'ouverture, et on y mit une assez rustique barrière en bois, puis enfin est arrivée la grille de fer.

Le vaste boulingrin entouré de pentes de gazon, entre

les allées du milieu et la terrasse du côté de la rivière, formait pour la moitié de son étendue, de même qu'il le fait à présent pour la totalité, un tapis de verdure. La portion qui se rapproche du carré central de la promenade était plantée de massifs d'arbustes. Quoique les allées très-peu nombreuses fussent larges, droites et tracées d'après un dessin symétrique, quoique les murailles de feuillage fussent alignées et tondues de près au ciseau, on appelait ce bosquet le Labyrinthe. Comme la plantation était très-fourrée, et qu'il devenait dès lors aisé de s'y cacher, des motifs de propreté d'une part et de décence publique de l'autre ont engagé à le faire disparaître.

On ne se rendait pas plus à Blossac l'hiver et les jours sur semaine, qu'on ne le fait maintenant. Les dimanches et fêtes, durant la belle saison, il y avait une grande affluence, mais qui présentait dans l'espace de trois ou quatre heures deux aspects tout à fait différents. Les ouvriers et les servantes y abondaient en foule à la suite des vêpres : puis, comme on soupait dans toutes les maisons, vers six heures arrivait ce qu'on appelait *la retraite des cuisinières*, ou plus vulgairement *le coup de la broche* : alors une désertion immense s'opérait presque tout d'un coup; mais l'apparition du beau monde venait par degrés la faire oublier. Deux files de voitures se formaient à rangs serrés des deux côtés de la grille, et les dames en grande toilette qui en descendaient, semblaient avoir entrepris de balayer à l'envi les unes des autres le sable de la grande allée avec la longue queue de leurs robes traînantes. Des chaises étaient disposées pour les personnes qui voulaient s'asseoir, non pas comme aujourd'hui en groupe sur le carré du milieu ou sur le rond-point qui le suit, mais sur deux lignes placées l'une devant l'autre le long de la partie de la grande allée qui avoisine la grille. De la sorte on passait, aussitôt en arrivant, toute la société en revue.

Vu l'absence habituelle des promeneurs, hors le jour de rendez-vous général, divers pelotons de soldats venaient s'exercer aux petites manœuvres et au maniement des armes, soit sur le gazon du labyrinthe, soit même dans les allées. L'exercice s'étendait quelquefois jusqu'à l'école de bataillon ; alors la musique s'y rendait pour le défilé du départ, et cette circonstance attirait toujours un certain nombre de curieux.

LES ARÈNES.

A l'époque dont je retrace la mémoire, les Arènes étaient absolument ce qu'elles sont aujourd'hui. Sans doute il a pu y avoir, et très-probablement il y a eu plusieurs changements de détail dans la disposition des bâtiments particuliers qui bordent l'enceinte de la pompeuse ruine, et qui remplissent une portion de ses vastes contours ; mais l'ensemble et l'état général n'ont pas cessé d'être les mêmes. C'est toujours à l'hôtel toujours appelé *des Vreux* qu'on va visiter les principaux restes d'un si magnifique débris ; c'est toujours de ce point qu'on peut le mieux apercevoir, ou, pour parler plus exactement, se figurer quel devait être l'aspect imposant de l'immense édifice dont l'empereur Gallien avait, disait-on alors, enrichi Poitiers.

Je ne répéterai point comment, par suite de la corruption du langage vulgaire, la résidence épiscopale, dite *Hôtel d'Evreux* dans le principe, a pris, en devenant une auberge, le nom burlesque et insignifiant *des Vreux*, qui a fini par être aussi celui de la rue où l'hôtellerie se trouve située. Cette explication figure dans presque tous les livres sur le Poitou, et je me borne ici à constater des faits, sans m'occuper des développements historiques qui les concernent (1).

La façade extérieure de l'hôtel *des Vreux*, puisqu'il faut adopter la désignation absurde employée par tout le monde, est remplie dans son entière longueur par les mots suivants écrits en lettres énormes : *Aux Vreux, ou aux antiquités romaines.* La révolution a apporté une légère variante dans cette inscription qui était jadis ainsi conçue : *Hôtel des Vreux, où sont les antiquités romaines.* Cette dernière version contrarie une opinion que j'ai vue émise quelque part, et dont il résulterait que le rédacteur de l'indication offerte aux voyageurs aurait considéré le mot *Vreux*, qu'il ne comprenait pas et dont il faisait un nom générique, comme synonyme *d'antiquités romaines.* Je présenterai sur ce point un autre système ; mais il faut d'abord achever d'établir tout ce qui tient à une question de si haute importance.

D'un des coins de la grande porte s'avançait dans la rue une potence en bois supportant une enseigne de la même matière, peinte avec tout le talent d'exécution devenu proverbial qui se fait ordinairement remarquer dans ce genre de tableaux. Sur le plan le plus éloigné on voyait une suite de hautes arcades en pierre ; en avant se dé-

(1) Tous les renseignements désirables relativement à l'hôtel d'Evreux font le sujet d'une des notes du mémoire sur Diane de Poitiers, imprimé dans le bulletin de la Société des antiquaires de l'Ouest, premier trimestre de 1845. L'un des principaux objets du mémoire dont il s'agit est de démontrer par une description détaillée et une discussion approfondie, que la belle Diane n'a jamais habité la maison de la rue St-Paul qui lui était traditionnellement attribuée.

ployait une surface ondée que sillonnait majestueusement de sa queue de poisson une sirène avec ses cheveux épars, son peigne et son miroir. Dans le bas était écrit tout simplement : *aux Vreux*. J'ai réfléchi assez longtemps, je l'avoue, pour trouver à cette composition allégorique un sens qui pût me satisfaire, et je crois y être enfin parvenu. Les arceaux du fond me paraissent avoir eu pour but de rappeler l'aqueduc de l'Ermitage, considéré alors comme destiné à introduire dans le cirque l'eau nécessaire au spectacle des naumachies qu'aujourd'hui, mieux instruits, les archéologues prétendent n'avoir jamais eu lieu à Poitiers ; mais il était tout simple, surtout dans la composition d'une enseigne, de se conformer aux idées du temps qui rattachaient l'un à l'autre ces deux restes des antiquités romaines. Le cours d'eau ne signifiait rien en lui-même ; mais il était impérieusement commandé par la circonstance, vu qu'une sirène ne pouvait pas s'ébattre au milieu d'un champ ou d'un pré. Quant à la personne elle-même de cette sirène, elle m'a bien causé certain embarras pour deviner à quel propos elle venait s'immiscer dans ces éternelles *antiquités romaines*, dont il ne faut pas s'écarter ici le moins du monde, puisque c'est à elles que tout se rapporte. J'ai commencé par me rappeler qu'entre la représentation des sirènes et celle de Mélusine il y a parfaite identité ; c'était un pas de fait, mais conduisait-il au véritable point de la question ? Tout en examinant ce qu'il en pouvait être, j'ai songé que, même encore de nos jours, les ouvriers poitevins, très-peu à l'abri des confusions archéologiques, attribuent à la magicienne de Lusignan, sur le compte de laquelle on a mis la plupart des anciennes constructions de la province, tous les antiques ouvrages romains ou autres dont ils découvrent quelques traces. C'est ainsi que les débris d'aqueducs souterrains, si communs dans notre ville et dans tous ses environs, n'ont pas parmi eux d'autre nom que la *Meurlusine*. Alors le génie créateur de l'enseigne a fort bien pu croire, en plaçant une mélusine dans son tableau, faire une allusion aussi spirituelle que savante aux *antiquités romaines*, et même en tracer, pour attirer les curieux, une sorte d'annonce parlante.

A la suite de cette hypothèse que je ne trouve pas du tout dénuée de vraisemblance, j'arrive à l'exergue : *aux Vreux*, de laquelle est résultée une méprise assez plaisante. Le peuple, tout à fait étranger à la connaissance du type représentatif d'une sirène ou d'une mélusine, et sachant seulement que la première est une belle chanteuse et la seconde une princesse fée, n'a vu dans le personnage peint sur le tableau indicateur, et dans le mot écrit au bas, qu'un être et une expression qui lui étaient également inconnus. Alors, sans s'inquiéter des *antiquités romaines*, qui ne sont pas de sa compétence, il a pensé tout uniment que l'individu fantastique dont l'image servait d'enseigne à l'auberge, comme ailleurs *le Grand-Cerf* ou *le Cheval-Blanc*, se nommait un *Vreux*, et appartenait à la classe des poissons ou des animaux de quelque pays lointain. Ici je ne suis plus dans le champ des suppositions et des conjectures; j'affirme avoir entendu plus d'une fois donner très-sérieusement cette explication par des érudits en veste ronde.

Au surplus, l'auberge *des Vreux* n'était pas la seule qui fît étalage de sa position voisine des ruines de l'amphithéâtre. On lisait aussi les mots *antiquités romaines* sur la façade de l'hôtel de la Bourdonnale. En effet, cette maison contenait plusieurs vestiges de bâtiments dépendants du cirque, et du haut de la terrasse du jardin on avait le coup d'œil entier des Arènes.

Après avoir acquitté l'hommage de l'admiration pour la grande œuvre du grand peuple, on pouvait, et l'on peut encore, sans quitter le quartier *des Vreux*, payer le tribut de la curiosité à une construction d'assez fraîche date, à laquelle il est impossible de refuser au moins le titre de conception vraiment originale. Toute importance respective mise à part, la comparaison entre ces deux assemblages de pierres élevés presque en face l'un de l'autre à plus de quinze cents ans d'intervalle, pourrait tenir une petite place dans le parallèle si souvent et depuis si longtemps établi entre le génie des anciens et celui des modernes.

Il existe maintenant une nouvelle école qui, dédaignant du ton le plus superbe les divers systèmes créés ou suivis par les artistes de la Grèce héroïque, de la Rome des Césars, du moyen-âge, de la renaissance et même du siècle de Louis XV, voudrait substituer le genre bizarre à tous les autres styles.... Architectes qui suivez ce drapeau, descendez la rue Corne-de-Bouc, et lorsque vous aurez passé les Pénitentes, si vous trouvez ouverte une porte située sur votre gauche, arrêtez-vous quelques instants ! Considérez la façade supérieure tout-à-fait remarquable d'une grande maison séparée de la rue par une cour, et bâtie plusieurs années avant 1789; vous verrez qu'en fait de singularité, on travaillait déjà à vous préparer des modèles et des objets de concurrence.

FAMILLE, PÈRES, MAITRES.

C'était, j'en conviens, en thèse absolue, une extrême sévérité, et même, si l'on veut, à la rigueur, une injustice réelle, que la solidarité réciproque imposée par l'opinion à une famille entière concernant la conduite de chacun de ses membres. Relativement parlant, c'était en revanche un frein puissant, un préservatif efficace pour prévenir peut-être dans quelques occasions des délits et des crimes, mais habituellement des écarts qui par leur fréquence et le défaut d'une répression que la loi ne descend pas jusqu'à prononcer, à moins d'en faire un cas très-grave, constituent des perturbations affligeantes et dangereuses de l'ordre social. Lorsqu'il était bien établi en principe qu'un blâme sérieusement mérité attirait la défaveur publique non-seulement sur l'individu répréhensible, mais sur le nom que d'autres partageaient avec lui, tous ceux qu'unissait entre eux ce lien commun avaient un intérêt égal à s'observer, à se surveiller respectivement, un titre personnel pour s'adresser tour à tour au besoin des avis et des reproches. La puissance paternelle était portée, dans l'antiquité, jusqu'au droit de vie et de mort ; plus tard, le bon sens, la civilisation des mœurs et la religion avaient aboli ce despotisme insensé, fruit de la barbarie ; mais il était resté jusqu'à nos jours au tribunal de la famille une grande autorité non réprouvée par la raison, et fondée sur la responsabilité mutuelle dont je parlais tout à l'heure. Le jeune homme ou la femme qui par leurs folles menaçaient de produire un fâcheux éclat, étaient, d'après la sentence privée de juges intimes, dont une affection éclairée dictait seule le code sagement arbitraire, enfermés pour un temps, l'un dans une maison de correction et l'autre dans un couvent ; on évitait ainsi l'intervention trop directe de l'autorité publique, qui aurait imprimé à une punition passagère, que j'appellerais presque amicale et officieuse, la tache officielle et durable d'un châtiment légal (1).

Il est sans doute superflu de remarquer que le recours à ces mesures désespérées n'était ordinairement qu'une exception. L'existence seule de ce qui formait toujours la dernière des ressources suffisait le plus souvent pour en prévenir l'emploi. Tant de degrés se présentaient à franchir pour arriver jusque-là, qu'il était bien rare que soit la sévérité d'une part, soit l'extravagance de l'autre, ne s'arrêtassent pas en chemin. La résistance déterminée et constante à la volonté paternelle était en effet une anomalie morale, un état entièrement contraire à la nature et même aux simples usages universellement consacrés. Dès la première enfance tout tendait à faire considérer cette volonté comme une règle permanente et générale qui devait tout diriger, comme un point central où tout

(1) Il y avait dans une province voisine de la nôtre un des grands dépôts destinés à recevoir les jeunes écervelés que les remontrances de leurs parents trouvaient incorrigibles. C'était l'établissement connu sous le nom du *Sabot d'Angers* ou de la *Rossignolerie*, maison magnifique, devenue le collège royal de la ville où elle est située. Elle avait été bâtie par les Frères des écoles chrétiennes, qui existent encore aujourd'hui, et qu'on appelait alors dans le langage habituel *frères ignorantins*, *frères quatre bras*, puis plus trivialement *frères fessisseurs*. La première de ces dénominations venait de ce que l'enseignement donné par leur congrégation était très-borné; la seconde, des manches pendantes de leurs manteaux, qui ressemblent à des bras doubles; quant à la troisième, les jeunes reclus dont la conduite avait été jugée profondément coupable étaient parfois soumis à des corrections manuelles confiées à des frères choisis, dont la taille et la vigueur athlétiques ne permettaient pas la moindre idée de résistance. La harangue introductive qu'ils adressaient au patient avec leur accent angevin si prononcé était, disait-on, celle-ci: « Bonjou, mon bon » môn sieu, le cher frère supérieur vous fait ben ses compliments; » et puis il a dit comme ça qu'il fallait *pas moins* que je vous fessis- » sions, et qu'en cas que vous vous fâchissies, je recommencissions.. » De là le sobriquet bizarre, mais historique.

devait aboutir, comme une principale et suprême considération à laquelle toutes les autres devaient rester subordonnées. Le père et la mère les plus tendres, en se plaisant à développer, à encourager l'amour de leurs enfants, les accoutumaient de bonne heure à donner toujours une teinte respectueuse à leurs démonstrations expansives. Justement persuadés que la manière de parler influe puissamment sur la façon d'agir, même sans que l'on s'en rende compte, bien peu permettaient à leur égard, au delà des plus jeunes années, ce tutoiement qui est une expression de douce bienveillance, lorsque c'est en descendant qu'il s'exerce, si je puis dire ainsi ; mais qui devient une familiarité abusive, une sorte de renversement de l'ordre, quand il part également de deux points que l'âge seul, sans parler d'aucune autre considération, a rendus pour jamais tout à fait inégaux. Ils attachaient un grand prix à être les amis de leurs enfants, mais ils n'auraient pas consenti à se montrer leurs camarades. Ces idées de prééminence et d'infériorité tempérées par des sentiments affectueux, inculquées de tout temps et dans tous les moments, ne s'effaçaient jamais d'une manière complète. L'époque de la majorité, l'exercice des professions les plus élevées et les plus indépendantes, le mariage, l'accumulation même des années, ne produisaient point dans la pensée d'un fils un entier affranchissement de la volonté paternelle. Sans doute la disposition à une obéissance passive s'affaiblissait, mais l'habitude de la déférence et des égards conservait toute sa force. Aucune détermination importante n'aurait été prise sans consulter auparavant ses parents, et sans paraître leur demander un agrément dont on aurait craint de leur faire sentir qu'on n'avait plus besoin. Si l'on croyait devoir agir contre leur avis, on ne négligeait rien pour les convaincre qu'on s'y croyait contraint par la nécessité. Loin de songer à leur résister, fût-ce dans une discussion d'importance légère, on écoutait avec révérence leurs admonitions, et on se laissait gronder par eux sans leur rappeler, même indirectement, qu'ils essayaient de faire revivre au delà des délais établis un droit périmé. On se conduisait, en un mot, toujours envers eux, comme si, à mesure qu'ils avançaient en âge, on n'avait pas vieilli soi-même.

Un caractère particulier se faisait aussi remarquer dans les relations des maîtres avec les domestiques. On voyait à cette époque dans la plupart des bonnes maisons au moins un de ces vieux serviteurs, qui s'incorporaient alors en quelque sorte à la famille dont ils avaient souvent élevé dès le berceau deux générations. Ils cessaient de compter parmi les gens à gages, dans l'acception rigoureuse du mot ; ils étaient devenus des compagnons d'existence qui prenaient intérêt à tout, qui se regardaient, sans aucun calcul, comme ayant dans tout une portion personnelle, auxquels on ne dissimulait aucun chagrin, aucune joie, et, pour ainsi dire, aucun secret. Soit par le fait, soit par la pensée, soit par l'espérance, l'univers était pour ces braves gens à jamais circonscrit dans le domaine de leur maître, qui considérait à son tour la petite réunion sociale dont la Providence l'avait fait le chef, comme étant composée pour toujours d'un membre de plus. Ce sont les liens de ce genre qui ont produit dans la révolution un si grand nombre de ces sacrifices, de ces abnégations, de ces dévoûments sublimes, également honorables pour ceux qui en ont offert l'exemple et pour ceux qui en sont devenus l'objet !... Est-il permis de croire que s'il arrivait désormais, ce dont, hélas ! le ciel nous préserve ! un bouleversement qui rappelât celui-là, les nouvelles victimes trouveraient, aux mêmes titres, dans leur infortune, les mêmes consolations et les mêmes secours que les anciennes ?... L'omniscience de Dieu pourrait seule prononcer d'avance la réponse à cette question ; mais des comparaisons établies une fois de plus entre le présent et le passé suffiraient peut-être aux prévisions humaines pour la pressentir.

Lorsqu'autrefois un bon domestique avait rencontré une bonne condition, il unissait chaque jour davantage lui-même sa destinée à celle de son maître par un attachement dont les motifs ni les suites n'avaient jamais fixé la moindre de ses réflexions. Loin de regarder l'engagement qui devenait à ses yeux une sorte de mariage, comme un marché destiné à durer uniquement jusqu'à ce qu'il trouvât ailleurs quelques francs de plus à gagner, il se serait cru insulté par la proposition qu'on lui aurait faite de quitter la place où son inclination le retenait, pour aller en occuper une où il aurait paru conduit par le calcul. Insouciant de l'avenir, parce qu'il avait instinctivement la conscience que d'autres s'en occuperaient pour lui, il était toujours satisfait de son salaire, pourvu qu'il pût suffire avec aisance aux besoins du moment.

De leur côté les maîtres, appréciant le mérite d'un semblable serviteur, éloignaient de lui tout ce qui pouvait ne laisser à son service que la couleur d'un emploi mercenaire. Ils lui témoignaient une confiance aveugle dans quelque occasion que ce fût, et surtout sous le rapport délicat de la probité, si prompt à éveiller des susceptibilités dans le cœur de l'honnête homme qui ne possède rien. Sans cesser de le tenir à sa place, en restant eux-mêmes constamment à la leur, ils avaient plus souvent l'air de réclamer sa complaisance que de lui donner des ordres. Si quelquefois un moment d'humeur ou même de mécontentement réel venait rappeler les idées respectives de suprématie et de dépendance, d'une part la certitude d'intentions toujours foncièrement excellentes, de l'autre le souvenir d'une bienveillance journellement éprouvée, s'opposaient à ce que de petits nuages éphémères pussent se concentrer et s'amonceler pour former ensuite un orage. La vie s'écoulait uniformément dans cette association volontaire, comme si c'eût été une position réglée d'avance à perpétuité par la nature, les lois, ou la simple force des choses; et lorsque la mort rompait enfin des habitudes mutuelles devenues également, d'une part comme de l'autre, un sentiment profond, quel que fût le tombeau qui s'ouvrît le premier, il était arrosé de larmes sincères.

Quant à la bande flottante des valets qui ne voyaient dans le service qu'un moyen varié à l'infini de vivre aux dépens de chacun de ceux que la bouche et non le cœur appelait successivement leurs maîtres, quant à ces véritables oiseaux de passage qui s'abattaient tour à tour avec une indifférente avidité devant toute maison dont ils apercevaient la porte ouverte, les usages du temps, auxquels nulle personne de bonne compagnie n'aurait osé manquer, mettaient beaucoup d'obstacles à l'exercice transitoire trop multiplié de leur inconstante et cosmopolite industrie. Non-seulement il ne serait pas venu à l'idée d'un homme bien appris de faire la moindre démarche, ou de dire un seul mot tendant à soutirer quelque domestique déjà placé; toutes les voix se seraient accordées pour condamner à grands cris un pareil manque de délicatesse : mais même on n'entrait jamais en marché avec le postulant qui se présentait, sans aller d'abord voir le maître chez lequel il était encore, ou sans lui écrire, non pas pour demander des informations intéressées qui ne venaient qu'en seconde ligne, mais pour savoir s'il était informé de la sortie, et si elle avait lieu avec son agrément. Dans le cas où il aurait répondu négativement et d'une manière motivée à cette dernière question, c'eût été une grave inconvenance de passer outre. Puis on avait alors le courage de ne pas donner des renseignements verbaux avantageux et surtout d'excellents certificats écrits sur le compte des mauvais sujets. De la sorte ils éprouvaient beaucoup de difficultés à changer de places. Il arrivait donc souvent qu'à défaut de bonnes dispositions naturelles, la crainte leur inspirait une retenue salutaire qui faisait d'eux des hommes sur lesquels on ne pouvait sans doute pas compter en tout et pour toujours, mais dont il y avait moyen de tirer quelque parti pour un service ordinaire plus ou moins prolongé.

Les maîtres même qui montraient en tout peu de réserve, se gardaient de tenir devant leurs domestiques aucun discours subversif des principes conservateurs de la société (1). Les gens réguliers ne se bornaient pas à sur-

(1) Tout le monde se rappelle le dîner philosophique de Ferney, où, vers le milieu du repas, Voltaire voyant que les propos prenaient un ton de hardiesse qui ne ménageait plus rien, se hâta de demander le dessert et de renvoyer les domestiques. Un des convives ayant fait des plaisanteries sur cette précaution : « Messieurs, répondit très-
» sérieusement le patriarche, maintenant que nous sommes entre
» nous, disons tout ce que vous voudrez; mais je pense qu'il est bon que
» ni vous ni moi ne soyons trouvés, un de ces matins, assassinés dans
» notre lit. »

veiller la conduite morale, ils exigeaient aussi l'accomplissement des devoirs strictement prescrits par la religion. Dans plusieurs familles, la prière du soir, précédée d'une courte lecture instructive, se faisait en commun, et tout le monde de la maison était tenu d'y assister. Si, comme on veut le prétendre quelquefois, il n'est absolument rien dans l'homme qui ne résulte de l'habitude, les railleurs même les plus disposés à rire de celles-là conviendront au moins qu'elles ne pouvaient produire que de bons effets.

. . . .

. . . .

Ce chapitre ne parle pas, comme un grand nombre de ceux qui le précèdent, de monuments détruits, de bâtiments démolis ou détournés de leur destination; mais, s'il était tristement vrai que j'eusse mis à découvert en passant quelques ruines et quelques débris d'une autre espèce, il me semble que ce genre d'archéologie aurait bien aussi son intérêt et son utilité. Vainement on dirait qu'un sujet tel que les rapports des membres d'une même famille entre eux, ceux des pères avec les enfants, et des maîtres avec les domestiques, paraît bien sérieux auprès de plusieurs de mes esquisses! Qu'on y pense un moment, et l'on reconnaîtra que sur ces points, comme sur tous les autres, le tableau de ce qui existait autrefois trouve naturellement sa place dans le recueil de mes *vieux souvenirs*.

LE TOUR DE LA VILLE.

Il y avait jadis des marcheurs intrépides que j'appellerais presque *des machines mouvantes* : ayant ouï dire, peut-être par leur médecin, que pour se bien porter

Il faut souvent et beaucoup de fois pousser les jambes en avant l'une de l'autre, la promenade était uniquement à leurs yeux l'action de fournir dans un temps donné tant de pas consacrés à la conservation de leur bonne santé. Comme leurs regards et leurs pensées ne participaient en rien à cette opération qui occupait seulement leurs pieds, peu leur importait quel que fût le lieu de la scène. Inaccessibles à la satiété que produit d'ordinaire la répétition indéfiniment renouvelée des mêmes choses, plusieurs d'entre eux s'épargnaient l'embarras du choix d'un but de sortie par l'habitude invariable qu'ils avaient prise de faire tous les jours le tour de la ville, avant le dîner, pour gagner de l'appétit, ou après avoir quitté la table, pour faciliter la digestion. En étudiant le secret de leurs heures aussi routinières que leur marche, on était sûr de les rencontrer, pour ainsi dire, à telle minute, juste sur tel point de leur itinéraire. Eh bien! l'espèce de ces hommes-là n'est point perdue. Leur école a produit des adeptes, comme tant d'autres, et un tour de la ville est encore inscrit dans les moyens hygiéniques préservatifs et même curatifs de beaucoup de gens. Je viens donc prier mon lecteur de vouloir bien se mettre avec moi à la suite d'un de ces faiseurs d'enjambées, en répondant que, puisque nous ne nous trouverons point sur la ligne d'exercice mécanique de ses facultés locomotives, il ne nous apercevra pas. Sans nous occuper de lui à notre tour, nous remarquerons seulement la différence qui existe entre l'aspect que les mêmes lieux présenteraient aujourd'hui à son attention, s'il était capable d'en avoir, et celui qu'ils offraient à ses prédécesseurs de l'autre siècle.

A gauche de la grille de Blossac, en regardant la

grande allée, est un chemin qui descend rapidement entre les murs de la promenade et ceux de l'ancien clos des Capucins. On arrive bientôt à l'endroit où la vue, cessant d'être bornée, plonge sur la pente de l'abreuvoir de Tison, sur le cours de la rivière, et peut embrasser à la fois l'ensemble complet de la délicieuse perspective qui se déploie au loin de toutes parts. Il en était de même autrefois, mais on ne jouissait qu'un instant d'un si beau spectacle. Toute cette partie de ce qu'on appelle à présent les boulevards n'était qu'une mauvaise route de traverse, très-boueuse, très-inégale, et bordée à droite par des restes de l'antique rempart, de sorte qu'on ne pouvait rien découvrir au delà. D'autre part, dans tout le trajet, jusqu'aux maisons parmi lesquelles se trouve l'abattoir qui n'existait pas alors, on ne rencontrait sur la gauche non-seulement aucun bâtiment, mais même presque aucune ouverture. Le vaste enclos qui dépendait du Calvaire forme aujourd'hui plusieurs jardins particuliers ; ils renferment pour la plupart quelque construction habitée, et chacun d'eux a sur la voie publique une porte qui permet à l'œil de se promener au milieu de la verdure émaillée de fleurs, tandis que les regards ne pouvaient jadis que glisser tristement sur le prolongement uniforme d'une haute muraille sans la moindre interruption. Ainsi donc, au lieu de parcourir le sol uni de la sorte de terrasse d'où l'on peut, dans toute sa longueur, contempler d'un côté le tableau le plus riant, en trouvant de l'autre des objets successifs de distraction, on demeurait encaissé entre les murs qui ne laissaient voir que le ciel au-dessus de la tête, et des ornières ou des flaques d'eau sous les pieds.

La porte de Saint-Cyprien, débris des anciennes fortifications, se composait d'une poterne entre deux grosses et hautes tours rondes en pierres séparées par des refends. Elles n'étaient pas, à proprement parler, ce qu'on appelle en architecture *vermiculées*, mais percées à petites distances de trous ronds, peu profonds, d'un diamètre très-restreint et symétriquement rangés. Beaucoup de gens disaient et croyaient même de la meilleure foi du monde que c'étaient les vestiges des balles lancées par les soldats de Coligny. On a abattu ce monument curieux, parce que l'ouverture trop basse et trop étroite formait obstacle au passage des charrettes chargées de foin, paille, fagots et autres provisions d'un gros volume. Le corps municipal avait prononcé la destruction de la porte Saint-Cyprien vers la fin de 1788 ; mais une opposition, faite par huissier, au nom du comte d'Artois, prince apanagiste du Poitou, empêcha que le projet ne fût exécuté. Il y avait à droite, vers le milieu du pont, une de ces chapelles dédiées à la Sainte Vierge, qui se trouvaient à toutes les portes de la ville en commémoration du miracle des clefs. Elle n'existe plus.

Toutes les constructions faites dans la prairie sur la droite des boulevards, après le pont, sont d'une époque moderne. Un très-petit nombre de maisons précédait à gauche les murailles des jardins de la Trinité qui continuaient jusqu'à la rue de Saint-Simplicien. Une petite portion de murs servait, comme aujourd'hui, d'enceinte à des propriétés particulières, auxquelles succédait jusqu'à la porte du Pont-Neuf le clos de l'abbaye de Sainte-Croix. Ce dernier, qui appartient aujourd'hui à l'évêché, ne présente encore qu'une ceinture continue de pierres; mais les dépendances de la Trinité ont été partagées en plusieurs lots qui servent d'habitation et de terrains de culture à une suite de jardiniers fleuristes. Le boulevard de Saint-Cyprien, qui ressemblait sous beaucoup de rapports à celui de Tison dont il fait la prolongation, a été aussi nivelé, bordé de parapets et planté d'arbres. On avait d'abord parlé de donner à ces deux boulevards le nom des deux préfets de l'empire auxquels les habitants de Poitiers sont redevables du point de vue varié et de la promenade agréable dont jouissent surtout les amateurs du tour de la ville; mais cette idée paraît avoir été pour jamais mise de côté.

J'ai vu achever le Pont-Neuf, commencé en 1778. On n'y avait pas construit de chapelle dédiée à la Sainte Vierge, comme sur les autres ponts de Poitiers.

Le boulevard ou plutôt le chemin continuait en côtoyant à gauche les murs de clôture de plusieurs jardins dépendants des demeures du prieur et de divers chanoines du chapitre de Sainte-Radégonde. On arrivait, comme à présent, à quelques maisons qui précèdent la rue et la porte de Pont-Joubert. Cette entrée de la ville avait aussi conservé sa poterne entre deux tours, et elle a été démolie par les mêmes motifs que celle de Saint-Cyprien. Sur une des piles du pont s'élève encore la chapelle antique à laquelle on ne s'est pas borné à faire des réparations matérielles. L'ardeur de restauration dont ce petit monument a été l'objet, s'est étendue jusque sur l'inscription qui orne le frontispice. Elle consistait jadis dans les quatre vers suivants :

Si l'amour de Marie
Dans ton cœur est gravé,
En passant ne t'oublie
De lui dire un Avé.

Quelqu'un des poëtes modernes du quartier, trouvant

sans doute que le troisième vers contenait une locution tout au moins grandement surannée, a remplacé le quatrain par un distique ainsi conçu :

> Si l'amour de Marie en ton cœur est gravé,
> Récite en son honneur, cher passant, un Avé.

Je ne m'établis point juge du mérite littéraire de la version nouvelle et du bonheur de la correction : je me contente d'offrir à l'auteur mes justes remerciments de la cordialité affectueuse dont je deviens, comme un autre, l'objet, chaque fois que je traverse le pont.

Au surplus, le quatrain remis à neuf d'une manière si brillante avait sans doute charmé, dans son état primitif, l'esprit et la dévotion de nos bons aïeux ; car non-seulement il était répété sur la plupart des chapelles érigées près des portes de ville, mais on le lisait même au bas de plusieurs petites niches pratiquées dans la façade de différentes maisons, et remplies par une statuette de la mère du Sauveur.

La porte de Pont-Joubert était, comme de nos jours, suivie d'un rang assez long de maisons sur le côté gauche du boulevard. Les laveries et étendoirs du côté droit ont une date récente, de même que la belle usine qui vient après. On rencontrait ensuite le Pré-l'Abbesse, ainsi appelé parce qu'il appartenait à l'abbesse de Sainte-Croix. Une partie a été changée en jardins particuliers. Le boulevard n'était, ainsi que les autres, qu'un chemin assez mal entretenu ; on n'y voyait pas ces superbes rangées de peupliers qui en font une allée si majestueuse. L'enclos des Filles de Saint-François, puis celui des Feuillants précédaient sur la gauche l'enceinte de l'abbaye de Montierneuf, vis-à-vis de laquelle des bains publics ont été construits dans la suite. Il est à remarquer que la fondation d'un établissement de ce genre, qui n'existait réellement pas à Poitiers, est encore due à l'entrepreneur Galland. On lisait bien sur les murs de l'hôtel de la Bourdonnaie, dont j'ai parlé plus haut, une inscription annonçant des bains chauds ou froids à volonté ; mais le public montrait un faible empressement à profiter de la proposition.

Un peu après la porte et le pont de Rochereuil se déployait, sur l'emplacement de l'ancien château fortifié, la promenade du Pont-Guillon plantée d'arbres séculaires. C'est sur ce terrain, maintenant dépouillé de ces magnifiques ombrages, qu'on a transporté les exécutions criminelles qui avaient lieu au Pilori. Pour traverser la Boivre et le cours d'eau sortant des jardins de l'hôpital général, les chevaux et les voitures étaient obligés de passer un gué. Quelques pierres plates ajustées les unes au bout des autres composaient un petit pont très-étroit pour les piétons.

A la porte de Paris il fallait, comme à présent, rentrer dans la ville et suivre la rue de la Chaussée pour venir rejoindre le boulevard du Grand-Cerf, nommé tout bonnement la grande route. La plantation d'arbres sur la droite formait déjà un rideau derrière lequel, au lieu de prairies coupées de ruisseaux, et de la Boivre suivant un cours régulier, on voyait s'étendre à perte de regards un marais bourbeux et insalubre appelé l'étang de Saint-Hilaire. Le dessèchement de cette immense étendue de terre ensevelie sous l'eau et les joncs, ainsi que les bâtiments de Pont-Achard où il n'existait qu'un moulin de pauvre apparence, sont encore un ouvrage, on peut même dire de toutes manières, un bienfait de Galland. Je remarquerai, à propos de l'étang de Saint-

Hilaire, que dans plusieurs maisons du quartier qui porte le même nom, et dans plusieurs de celles de la rue de la Tranchée, il y a des puits superbes qui autrefois étaient fort abondants ; mais depuis que le marais a disparu, l'eau, qui continue d'être excellente, se trouve réduite à une très-faible quantité. Il est assez facile de la tarir, mais au bout d'un certain temps elle revient au même degré.

Lorsqu'on avait passé les auberges qui avoisinent la porte de Paris en bordant la grande route, on trouvait l'enclos des Carmélites, celui des Filles de Notre-Dame, et celui de la Visitation, séparé des deux autres par une petite rue déserte. Il allait rejoindre ensuite celui des Ursulines, qui touchait à son tour à des jardins particuliers dont plusieurs dépendaient de maisons appartenant au chapitre de Saint-Hilaire, de manière que ce boulevard était, de même qu'il l'est encore, entièrement dépourvu d'habitations.

L'ancienne porte de Pont-Achard, qui avait fait partie des vieilles fortifications, était fort basse, fort étroite, et trop petite pour servir d'entrée aux charrettes ; elle a été démolie et un peu changée de place. La Boivre passait au devant sous un mauvais pont de bois.

La porte de la Tranchée n'ouvrait pas directement vis-à-vis de la rue de ce nom, mais elle se rapprochait de celle de Sainte-Triaise ; elle était composée de deux grosses tours réunies par une poterne longue, étroite et obscure. Au-dessus de l'entrée, on voyait les trois statues de la Vierge, de saint Hilaire et de sainte Radégonde, monuments spéciaux du miracle des clefs. Au coin de la rue de la Tranchée, à gauche, sont encore les débris de la chapelle de la Sainte-Vierge, destinée, comme les autres dont j'ai déjà parlé, à perpétuer la mémoire de cet événement.

Ainsi se composait ce qu'on nommait, comme on le fait encore, *le tour de la ville*, tournée qui présentait des aspects agréablement diversifiés, pourvu qu'on tînt presque toujours ses regards fixés vers la droite. Le côté gauche était en effet à peu près entièrement garni partout de murailles tristes, sèches et d'une hauteur démesurée, servant de clôture aux communautés d'hommes et de femmes, dont la suite rarement interrompue formait une sorte d'enceinte autour de l'intérieur de Poitiers. Cet état de choses n'a pas beaucoup changé, et rien n'annonce qu'il doive cesser d'être le même dans l'avenir, à moins que les abords des chemins de fer, sur quelque point qu'on les établisse, ne déplacent une partie de la population, et n'occasionnent avec des mutations de propriétés des constructions nouvelles.

Ici se terminera le recueil de mes réminiscences : ici cessera de se dérouler entre mes mains le tableau de cet ancien Poitiers qui n'est déjà presque plus lui-même, et qui travaille de plus en plus chaque jour à changer totalement d'aspect. Après avoir dit comme un poëte latin : *ubi Troja fuit*, je m'écrie avec grand plaisir sur beaucoups de points, en parodiant un poëte français :

Quelle Jérusalem nouvelle
.... renaît plus charmante et plus belle !

Sans doute il peut être permis, sous divers rapports, de regretter parfois quelques portions de ce qui existait jadis ; mais qui prétendrait arrêter l'entraînement également incessant des siècles toujours en marche, et de l'imagination humaine toujours en effervescence ?......
L'homme raisonnable n'entreprend point d'opposer par

des arguments une digue impuissante à cette double force progressive qui emporte tout; mais il tâche de mettre sagement à profit ce que le présent offre de bon, en jouissant du souvenir de ce que le passé lui semblerait peut-être présenter de meilleur. Puis, toutes les fois, bien entendu, qu'il ne s'agit d'aucun de ces intérêts qui ont du retentissement dans la conscience, il répète avec une insouciance philosophique, en modifiant un peu le vieux dicton :

Tempora mutantur : sic nos mutemur in illis.

NOTICE SUR LA GRAND'GUEULE,

Lue à la Société d'agriculture, belles-lettres, sciences et arts de Poitiers, dans sa séance du 1er février 1837, par M. DE LA LIBORLIÈRE.

———

Il y a maintenant peu de personnes à Poitiers qui aient vu, je pourrais presque dire dans l'exercice de ses fonctions, cette figure, jadis si fameuse, en bois sculpté et colorié, représentant un dragon aux ailes éployées, à la gueule béante, aux griffes acérées, à la croupe recourbée en replis tortueux comme celle du monstre de Théramène, et terminée de plus par une longue queue armée d'un dard à trois pointes. Ce terrible épouvantail, livré tout le long de l'année à la poussière et aux toiles d'araignées dans les galetas du couvent de Sainte-Croix, en sortait à l'époque des Rogations, pour être porté triomphalement au bout d'un long bâton, en tête des processions générales. Comme si l'apparition annuelle de la *Grand'-Gueule* eût été un des événements joyeux que l'allégresse publique se plaît à signaler, on décorait élégamment toute la carcasse squammeuse du monstre de banderoles flottantes, nuancées de diverses couleurs; sa queue menaçante était ornée de gracieuses rosettes, et le gouffre de sa gueule était comblé de *casse-museaux* bien dorés, et de cerises souvent encore à peine rosées, que les petits gourmands, mes camarades, considéraient avec des yeux aussi étincelants d'envie que hagards de stupéfaction. Je crains moins que je ne rougis de le dire, *Grand'Gueule* était bien certainement, pour le vulgaire, un des objets les plus importants et peut-être même les plus vénérés de la procession. Les bonnes femmes ne se contentaient pas de fléchir les genoux et de joindre les mains quand elle passait ; mais plusieurs s'empressaient de profiter du moment où, avant le départ du cortége, la *Grand'Gueule* se trouvait déposée à leur portée, le long des murs de la cathédrale, pour aller frotter dévotement des chapelets contre ses écailles, en s'écriant du ton de la plus affectueuse ferveur : *Boune sainte veurmine, priez pour nous!* (On sait que *veurmine* est le nom donné par le peuple du Poitou aux serpents et à tous les animaux venimeux.)

Quelques personnes, animées d'un scrupuleux respect pour la religion, avaient souvent formé le désir de voir supprimer une coutume où elles croyaient trouver l'occasion de discours, de pratiques et de croyances superstitieuses : mais cette coutume avait, dans la nuit des siècles, une date si reculée, qu'on ne pouvait en apercevoir la trace ; et jadis une sorte de prévision instinctive, ou peut-être de pressentiment surnaturel, faisait craindre d'entrer dans ces voies de la destruction, où l'on a trop appris depuis qu'il existait entre l'abolition la plus insignifiante en apparence et le renversement le plus grave en effet, la même suite et la même liaison progressive qu'entre le premier et le dernier anneau d'une longue chaîne. On tolérait donc l'apparition de la *Grand'Gueule*, à laquelle on attribuait une double origine fondée sur une double et même à la rigueur une triple version.

La première apprenait à considérer le simulacre de l'horrible monstre comme le symbole allégorique de l'idolâtrie, de l'hérésie et particulièrement de l'arianisme, qu'on faisait marcher devant la croix pour rappeler que la religion catholique avait triomphé de ces absurdes mais funestes erreurs. Bien que j'aie entendu donner cette explication comme la seule véritable par des hommes très-instruits ; j'avoue qu'elle m'a toujours semblé un peu subtile. J'ai aussi trouvé, il n'y a pas très-longtemps, dans un livre, que les représentations de ce genre étaient un reste du paganisme qui peignait ainsi le dieu des ténèbres chassé par le dieu de la lumière, à l'époque où les jours croissent et où la chaleur bienfaisante du soleil commence à régénérer la nature. Allégorie pour allégorie, j'aimerais encore mieux admettre celle des théologiens que celle des astronomes ; outre qu'elle me paraît moins recherchée, elle est en même temps plus appropriée à l'espèce de solennité où figuraient les dragons volants.

Suivant l'autre tradition poitevine, qui était la seule adoptée par le peuple, la *Grand'Gueule* offrait l'effigie authentique d'un monstre ailé qui s'introduisait par quelque ouverture secrète dans les souterrains de Sainte-Croix, et dévorait toutes les religieuses assez hardies pour accepter la mission devenue si périlleuse de descendre à la cave. Jusqu'ici tous les narrateurs de cette histoire sont parfaitement d'accord sur les griefs imputés à la *Grand'Gueule*; mais le dénoûment qui fit justice de ses fureurs divise de la manière la plus prononcée les propagateurs de la merveilleuse légende. Selon les uns, ce fut sainte Radégonde (1) qui, voyant le terrible dragon traverser les airs après avoir englouti une nouvelle victime, le fit tomber mort à ses pieds, par l'effet miraculeux d'une invocation fervente qu'elle adressa à Dieu. Suivant les autres, le monstre fut détruit par un criminel con-

---

(1) Radégonde, épouse de Clotaire Ier, qui régnait en France vers le milieu du VIe siècle, avait pris le voile dans l'abbaye de Sainte-Croix, dont elle était fondatrice. Ses éminentes vertus lui ont mérité le titre de sainte et de patronne de Poitiers.

damné à mort, qui descendit armé de toutes pièces dans les souterrains, à la condition d'avoir sa grâce s'il était vainqueur de l'épouvantable ennemi qu'il proposa lui-même d'attaquer. Il réussit en effet à le percer du coup mortel; mais sa victoire lui devint fatale, car le masque de verre qu'il avait mis sous la visière de son casque s'étant rompu dans la lutte qu'il soutint presque corps à corps avec le dragon expirant, l'haleine pestilentielle de l'affreux animal l'empoisonna.

Maintenant, comment arriver à la découverte de la vérité au milieu de ces diverses allégations? L'entreprendre serait une tentative sans doute bien moins dangereuse, mais dont le succès serait aussi incertain que celui du combat contre la *Grand'Gueule*. Le sens allégorique n'étant qu'une supposition plus ou moins plausible, on ne peut l'adopter ou le rejeter d'une manière positive et inattaquable. Le fait matériel se trouvant en contradiction avec l'opinion générale des savants, que les dragons et autres monstres volants doivent être considérés comme des êtres fabuleux, ne saurait non plus paraître admissible. Qu'était-ce donc que la *Grand'Gueule?* et pourquoi figurait-elle de temps immémorial dans une cérémonie religieuse?....

Au surplus, il n'est pas indifférent de remarquer que le monstre des souterrains de Sainte-Croix avait dans plusieurs endroits des confrères ou des concurrents non moins célèbres que lui-même. J'ai lu quelque part qu'on promenait à Metz, les jours de Saint-Marc et des Rogations, un dragon ailé appelé le *Graouilli*, dont le signalement se rapportetrait pour trait à celui de la *Grand'-Gueule;* que cette figure s'arrêtait devant la boutique des pâtissiers, qui lui donnaient des tartelettes; toujours la *Grand'Gueule*．՞ e ce monstre était la représentation d'un dragon véritable, qui, s'étant réfugié dans l'amphithéâtre, infestait la ville de ses ravages, et avait été détruit par saint Clément, patron du pays ; encore mieux la *Grand'Gueule !* puis enfin, que le troisième jour des Rogations, les enfants fouettaient le *Graouilli*, dans la cour de l'abbaye de Saint-Arnoult. Pour le coup, pas du tout la *Grand'Gueule*, envers laquelle nul des plus intrépides *gamins* de Poitiers n'aurait osé songer à commettre cette audacieuse irrévérence, sans être au contraire bien fouetté lui-même par sa mère. La *Gargouille* de Rouen, la *Tarasque* de Tarascon étaient encore absolument de la même famille que la *Grand'Gueule* et le *Graouilli*, et leur histoire offrait à peu près les mêmes circonstances. On a promené dans les processions de Paris, jusqu'au milieu du dernier siècle, un mannequin monstre volant auquel les pâtissiers jetaient des gâteaux dans la gueule, et qui était l'image d'un dragon dévastateur dont les prières de saint Marcel avaient délivré la ville (1). D'où provient donc cette identité multipliée ?.... Sans me charger de résoudre la question, ainsi que beaucoup d'autres qui s'y rattachent, je retourne à la *Grand'-Gueule*, dont je n'ai pas fini l'histoire moderne.

Poussé par la révolution sur des terres étrangères où j'ai passé les plus belles années de ma vie, je revins en France dans les premiers temps du consulat. Un jour que je sortais de la chapelle du collège, qui était encore transformée en temple décadaire, où l'on venait faire des cérémonies républicaines aux pieds d'une statue de la sainte Vierge prise dans l'église des Augustins, et méta-

(1) M. d'Arlincourt fait jouer un grand rôle à ce mannequin dans son roman des *Ecorcheurs*.

morphosée en déesse de la Liberté, je remarquai en
passant que la porte du bâtiment appelé le Puygarreau
était ouverte. L'impulsion de la curiosité si naturelle,
lorsqu'au bout d'une longue absence on rentre dans sa
patrie qu'on a abandonnée presque avant de l'avoir bien
connue, me porta à pénétrer dans cette enceinte, où je
m'attendais à retrouver quelques-uns des jeunes souvenirs dont je pouvais dire que j'étais *affamé*, si j'ose
emprunter l'expression du bon Henri IV. Le cours de
mes investigations me conduisit dans une grande salle
où l'on avait déposé le ramas incohérent d'une multitude
de statues, de tableaux et de décorations dont ma mémoire me rappela aussitôt les anciennes places, et la
collection complète des constructions en volige et en toile
destinées à exprimer monumentalement tour à tour, au
moyen d'une nouvelle couche de détrempe, et les deuils
patriotiques et les joies nationales. Je promenais confusément mes regards sur cet assemblage indigeste,
lorsque tout à coup, auprès des armoiries en tôle qui
avaient été enlevées de la grille de Blossac, dans le temps
rétroactif où on ne pardonnait pas plus aux monuments
d'être l'ouvrage de leurs fondateurs, qu'aux enfants d'être
les fils de leurs pères (1), je découvris la *Grand'Gueule*
avec toutes ses écailles, toutes ses dents et toutes ses
griffes. Dans l'accès de ravissement dont je puis dire sans
hyperbole que je me sentis transporté, j'oubliai presque
vingt années pour apercevoir encore aussi les échaudés,
les cerises et les rubans. Parmi toutes les émotions
d'agréables réminiscences dont j'ai pu jamais ressentir
la secousse, il s'en faut sans doute de beaucoup que celle-

---

(1) On les a remises sur la grille lors de la restauration, et elles
y sont encore.

là soit une des plus délicieuses; mais ce fut assurément une des plus *incisives*, romantiquement parlant. Pendant plusieurs jours, je disais avec jubilation à tous ceux auxquels j'avais ou je prenais peut-être occasion de parler : J'ai revu la *Grand'Gueule*. En effet, une page remarquable de l'histoire de mon enfance était là ; et quelle histoire offre le même intérêt ?

Peu à peu, très-promptement même, j'en suis persuadé, cette impression s'effaça comme tant d'autres ; et j'éprouvai encore une fois qu'on pouvait vivre sans penser à la *Grand'Gueule* (1). Mais lorsqu'il y a déjà plusieurs années, on annonça l'ouverture de l'espèce de musée qui touchait à la salle de nos réunions, et qui devient en ce moment le cabinet d'histoire naturelle, je voulus être un des premiers à jouir de cette inauguration. Ne voilà-t-il pas que le principal objet sur lequel s'arrêtèrent mes regards en entrant dans la salle fut la *Grand'Gueule*, qui, majestueusement suspendue au plafond par un fil de fer, semblait encore, à l'exemple de son original, fendre d'un vol triomphant les plaines éthérées ! Pour cette fois, je le confesse, mon enchantement fut moins vif, et mes sensations de plaisir ne s'exprimèrent plus que par un léger sourire de connaissance. Du reste, bien m'en prit d'avoir été si prompt dans ma visite au musée, car dès le lendemain la *Grand'Gueule* en avait été enlevée ; l'autorité ecclésiastique l'avait réclamée comme faisant partie du mobilier d'une ancienne corporation religieuse, et l'on m'a dit qu'elle était maintenant déposée dans la

---

(1) Depuis que ceci est écrit, j'ai appris qu'au moment où le bâtiment du Puygarreau est redevenu le pensionnat du lycée, la *Grand'-Gueule* fut transportée dans les magasins de l'hôtel de ville, où elle a fait une longue station.

bibliothèque du séminaire, où peut-être je ne la reverrais pas encore entièrement de sang-froid.

Cependant, puisque je suis en train de rappeler à quelques-uns d'entre vous, et de raconter comme une chose nouvelle à la plupart de ceux qui veulent bien m'écouter, les particularités bizarres des pompes de nos anciennes cérémonies, je remarquerai que la *Grand'-Gueule* n'avait pas, dans les processions, le privilége exclusif de fixer, je dirais mieux, de *détourner* l'attention du bon peuple poitevin. Deux représentants de chacun des corps de métiers, constitués alors en maîtrises par ordonnances royales de diverses dates, dont les premières remontent à saint Louis, paraissaient, sous le nom vulgaire de la *Mandille*, à différentes solennités, et notamment à la procession générale qui avait lieu le 15 août, en exécution du vœu de Louis XIII. Ils étaient vêtus de costumes taillés sur des patrons extraordinaires et offrant, comme les habillements *mi-partis* du moyen-âge, un ensemble baroque composé de pièces bariolées des couleurs les plus tranchantes. Les bonnets surtout réunissaient à cette diversité de nuances différentes configurations grotesques; et chaque profession portait en relief sur sa coiffure les principaux instruments dont elle faisait usage. Il est facile de sentir quelle jouissance, quoique tout-à-fait d'un autre genre, les admirateurs de la *Grand'Gueule* trouvaient à voir défiler un semblable cortége. Aussi, pour ne pas trop user leurs sensations, ou pour éviter une rivalité embarrassante, avait-on établi que la curiosité populaire ne serait pas soumise aux deux épreuves à la fois; l'apparition de la *Grand'Gueule* était fixée aux Rogations, et celle de la *Mandille* à la fête de l'Assomption de la Ste Vierge.

Mais, Messieurs, j'ai observé plus haut que ce n'était pas seulement à Poitiers que les cérémonies publiques et religieuses offraient des aliments semblables à ce qu'on est convenu d'appeler *badauderie* chez les Parisiens, bien qu'ils soient assurément très-loin d'en exercer exceptionnellement le monopole. J'ajouterai maintenant que ce goût qui se rattache à l'avidité humaine pour le merveilleux, ne règne pas moins chez les autres peuples que chez les Français. Je vous ai dit que j'avais passé plusieurs années en Allemagne, et je vous demande la permission de vous y proposer un pèlerinage de quelques moments, pour assister en esprit à une procession qui ne nous écartera pas trop de mon sujet. Du reste, comme je ne trouverais peut-être pas de caution dans cette assemblée, je m'engage sur ma responsabilité personnelle à n'attaquer votre confiance qu'avec des armes courtoises, et à ne pas user le moins du monde du privilége que s'arrogent si souvent ceux qui parlent des pays lointains.

Vous savez tous que Charlemagne avait établi à Aix-la-Chapelle, ville qu'il affectionnait beaucoup, le siége du deuxième empire d'Occident dont il était le fondateur. C'est lui qui fit bâtir l'église principale sous le dôme de laquelle il est enterré, m'a-t-on dit bien des fois, assis sur son trône, revêtu de tous les ornements impériaux. On conserve dans le trésor de cette église, très-riche en reliques et en objets d'antiquités, son épée et sa couronne, qui, avant les derniers traités par lesquels nous avons vu supprimer l'empire d'Allemagne, servaient pour le sacre des empereurs, dont le couronnement devait même jadis avoir lieu à Aix-la-Chapelle. Depuis que cette cérémonie avait été transférée à Francfort, on avait encore voulu, au moyen d'une escobarderie, ou plutôt d'un véritable enfantillage, paraître ne pas déroger à l'ancienne coutume; et afin de la suivre, au moins en apparence, on faisait apporter d'Aix-la-Chapelle, avec les insignes de Charlemagne, une caisse remplie de terre prise dans l'enceinte de la capitale antique, pour y placer le trône du nouvel empereur au moment où on le couronnait. J'étais à Aix-la-Chapelle lors du sacre de François II, et j'ai assisté au départ du cortége dont la caisse de terre faisait partie (1).

Charlemagne avait continué d'être en grande vénération dans sa résidence chérie; on y trouvait à chaque pas des souvenirs de ce grand homme, dont le principal établissement thermal portait le nom; et pour ne négliger aucun moyen de perpétuer à jamais la popularité de sa

(1) J'ai dit que le trésor de l'église d'Aix-la-Chapelle renfermait beaucoup d'objets précieux et de reliques. Au temps dont je parle, ces dernières se divisaient en grandes et petites. Les grandes n'étaient montrées au public que tous les sept ans, pendant plusieurs jours de suite, du haut d'une galerie pratiquée à l'extérieur de l'église; et cette solennité attirait dans la ville un grand concours d'étrangers. On portait les petites reliques dans les processions ordinaires, et parmi elles figurait un coffret de bois, sans ornements extérieurs, hermétiquement fermé et généralement connu sous le nom de *noli me tangere*. On prétendait qu'une tradition immémoriale défendait de l'ouvrir sous aucun prétexte, et que des curieux téméraires ayant voulu enfreindre cette défense, il était sorti du coffret une vapeur qui les avait étouffés. Je rapporte ici la croyance vulgaire; mais j'ai interrogé plusieurs chanoines qui n'ont pas pu me donner d'éclaircissements certains sur ce coffret, dont il paraissait du moins bien positif qu'on respectait avec le plus grand scrupule la mystérieuse clôture. — Je remarquerai en passant que les membres du chapitre impérial d'Aix-la-Chapelle étaient vêtus de violet comme les évêques, et que les dignitaires, connus sous le nom de prêtres cardinaux, portaient la soutane et le camail rouge. Ces costumes ne paraissaient que dans l'église et aux processions.

mémoire, on faisait marcher son image en tête des processions de la Fête-Dieu. Cette représentation consistait en un mannequin, de douze ou quinze pieds de haut, couvert d'une grande robe de damas jaune, à fleurs blanches, sur laquelle pendait, au bas d'une très-mesquine écharpe bleu de ciel, une vieille épée, dont, par parenthèse, les dimensions n'étaient aucunement d'accord avec celles du colosse. Je n'ai sans doute pas besoin de dire que ce n'était pas la véritable épée conservée dans le trésor de l'église dont une des mains du mannequin supportait la représentation architecturale en carton. La tête coloriée comme une figure d'enseigne de village, était chargée d'une immense perruque à la Louis XIV, poudrée à frimas, et surmontée d'une couronne très-élevée (1). Les yeux étaient mobiles, et l'homme qui portait le mannequin, dans l'intérieur duquel il était caché, les faisait remuer au moyen d'une ficelle. Une gentillesse de sa part, qui ne manquait jamais d'exciter les rires, les applaudissements et même les acclamations de la nombreuse assistance, était d'approcher de temps en temps le mannequin des balcons et des fenêtres où il se trouvait beaucoup de dames, et de les mettre ainsi de très-près face à face avec Charlemagne, dont les prunelles redoublaient alors d'activité dans leurs oscillations.

Il est facile de sentir combien cette parade était ridicule et même indécente, à la tête de la plus auguste des pompes religieuses ; mais elle était tolérée sans doute par les considérations qui empêchaient de supprimer la promenade de la *Grand'Gueule* de Poitiers, et de tant

(1) Le peuple assurait qu'il y avait dans les deux pendants de cette perruque autant de boucles que de jours dans l'année. Le coiffeur chargé de la friser était connu sous le nom de perruquier de Charlemagne, et recevait un traitement annuel.

d'autres objets du même genre auxquels des honneurs semblables étaient accordés dans tant d'autres villes. J'ai ouï assurer qu'une année les bourgmestres d'Aix-la-Chapelle avaient voulu empêcher Charlemagne de sortir de l'hôtel de ville, où se trouvait l'armoire au fond de laquelle il faisait son séjour, et que la crainte d'exciter une émeute avait obligé de lever l'interdiction.

J'étais déjà revenu en France depuis plusieurs années, et j'avais presque totalement oublié le Charlemagne d'osier de la ville qu'on pourrait appeler celle des traités de paix, lorsque descendant un jour de la grande bibliothèque, alors nationale, de Paris, j'entrai dans une salle où le savant antiquaire Millin faisait un cours public. Je jetai par hasard, en sortant, mes regards derrière la porte, et j'aperçus dans un coin poudreux le mannequin impérial que je reconnus aussitôt. Il était encore décoré de tous ses insignes ; seulement sa belle perruque était grandement défrisée, et ses yeux demeuraient fixes dans leurs orbites. Cette rencontre imprévue m'inspira d'abord la réflexion morale obligée sur le peu de stabilité des grandeurs humaines ; puis, après avoir payé cette petite redevance philosophique, je cherchai à me rendre compte des motifs qui avaient pu faire transporter d'Aix-la-Chapelle à Paris ce pantin grotesque, auquel l'abandon total où on l'oubliait montrait assez que l'on ne prétendait attacher aucun intérêt d'art ni même de curiosité. Je pensai alors qu'une considération politique avait sans doute décidé seule la translation ; et que la grande importance que le peuple d'Aix-la-Chapelle mettait aux apparitions de son Charlemagne en caricature, l'avait fait considérer comme une conquête réelle, non par rapport aux vainqueurs, mais par rapport aux vaincus.

J'ai négligé, je l'avoue, de m'informer si, lorsqu'à leur seconde invasion en France, nos amis les ennemis nous ont priés de leur remettre les chefs-d'œuvre que nous avions empruntés chez eux, le mannequin limbourgeois a été compris dans la même restitution que l'Apollon du Belvédère, la Vénus de Médicis, et tant d'autres morceaux fameux ; mais ce que je serais bien tenté d'affirmer, c'est que si Charlemagne est retourné dans son ancien domicile, il n'y aura pas été accueilli avec moins d'enthousiasme que les chevaux de Saint-Marc n'ont pu en exciter en revenant à Venise.

Nous voilà bien loin, Messieurs, terriblement loin de notre dragon volant : mais l'imagination et le souvenir ont aussi des ailes immenses dont l'essor vif et rapide ne connaît point d'horizon. Il est cependant temps, plus que temps, que la pensée qui nous fit faire une excursion si longue nous ramène au point de départ. C'est là que je veux terminer cette notice déjà trop étendue, en faisant mes derniers adieux à la *Grand'Gueule*, qui n'aura plus sans doute l'occasion de recevoir de ma part un hommage d'intérêt aussi marqué et surtout aussi solennel. Ce n'est pas que, dussions-nous encore l'un et l'autre nous enfoncer beaucoup plus avant, elle dans le passé et moi dans l'avenir, je ne fusse certain de ne pouvoir jamais l'oublier entièrement, quand, ce qu'à Dieu ne plaise, je serais assez malheureusement organisé pour éprouver un tel penchant à l'indifférence. S'il m'arrive, en effet, lors des Rogations, de m'arrêter au coin d'une rue dans le moment où la procession défile, j'entends souvent quelque personne, dont il m'est inutile d'envisager les traits pour reconnaître qu'elle ne tient pas de plus près que moi au jeune Poitou, laisser échapper certains mots qui me prouvent que son doigt formerait, sans la moindre hésitation, un angle d'incidence avec le mien, pour indiquer le rang qu'occupait jadis dans le cortége l'objet sur lequel nos regards adolescents n'ont pu manquer de se rencontrer plus d'une fois. Alors, même sans m'informer si celui qui répond avec tant de justesse à ma pensée entend le latin, je suis toujours prêt à lui citer pour notre consolation mutuelle de l'absence de la *Grand'Gueule*, ces mots énergiques qu'écrivait Tacite en observant que les images de Cassius et de Brutus ne figuraient pas à la pompe funèbre de Junia : *Præfulgebant eo ipso quod effigies eorum non visebantur.*

(*Extrait des Mémoires imprimés de la Société.*)

SOUVENIRS

DE L'ANCIENNE UNIVERSITÉ DE POITIERS,

Lus à la Société des antiquaires de l'Ouest, dans sa séance du 6 juin 1844, par M. DE LA LIBORLIÈRE (1).

L'université de Poitiers se composait jadis des quatre facultés de théologie, de droit, de médecine et des arts. Cette dernière, qui tenait la place de nos facultés actuelles des sciences et des lettres, était, mais moins rigoureusement qu'aujourd'ui, la porte des trois autres. Il fallait, pour recueillir tous les avantages possibles des études en théologie, en droit et en médecine, être ce qu'on nommait alors maître ès arts, et maintenant bachelier ès sciences ou ès lettres (2).

On ne pouvait généralement entrer avec quelque distinction dans l'état ecclésiastique, sauf des circonstances extraordinaires, qu'après avoir fait son *quinquennium*, c'est-à-dire deux années de philosophie et trois années de théologie (3).

(1) Il serait très-possible que parmi les détails que je rapporte, il s'en trouvât qui ne fussent pas parfaitement d'accord avec les prescriptions d'anciens statuts de l'université, parce que souvent les règlements et même les lois sont peu à peu modifiés par l'usage. Cette notice n'est donc point un résumé officiel d'articles écrits du code universitaire primitif, mais un récit de choses pratiquées sous mes yeux pendant plusieurs années. Ne voulant pas m'en rapporter à moi seul, j'ai communiqué mon travail à des contemporains qui, en reconnaissant l'exactitude des particularités que j'avais retracées, m'en ont indiqué à leur tour quelques-unes dont j'oubliais de faire mention.

(2) Le grade de maître ès arts équivalait par le fait au grade actuel de bachelier, mais par le droit à celui de licencié.

(3) Quelques aspirants au sacerdoce se dispensaient de la seconde année de philosophie, c'est-à-dire du cours de physique ; mais alors comme ils n'étaient pas gradués, ils demeuraient inhabiles à profiter

Je parlerai plus tard de l'enseignement philosophique. Celui de la théologie se donnait dans deux écoles différentes, toutes deux très-nombreuses, le couvent des Jacobins et le collége de l'université, appelé collége de Ste-Marthe (4).

Les cours des Jacobins étaient faits par des religieux de cet ordre ; ceux du collége par des prêtres séculiers, dont l'un était chargé de la classe du matin, et l'autre de celle du soir (5).

On n'était reçu au grand séminaire qu'après avoir fréquenté pendant trois ou tout au moins deux années les cours de l'une ou l'autre école de théologie indistinctement. On restait dans cet établissement douze ou quinze

des priviléges que les grades assuraient pour obtenir soit des cures de ville, soit des canonicats et autres bénéfices sans charge d'âmes. Pendant un mois de chaque trimestre de l'année, toutes les vacances opérées par décès tournaient au profit des gradués, auxquels le collateur, quel qu'il fût, excepté le roi, se voyait obligé d'accorder la nomination. Les quatre mois affectés aux gradués se divisaient en mois de rigueur et mois de faveur. Dans les mois de rigueur, la supériorité ou l'ancienneté des grades prévalaient nécessairement ; durant les mois de faveur, le choix restait libre entre tous les gradués. Les grades dans l'une des quatre facultés étaient valables. — Il fallait, outre les lettres de grade, un certificat de *quinquennium*, délivré par le doyen de la faculté des arts ; et pour que les gradués pussent se prévaloir des droits qui leur étaient assurés, ils devaient faire notifier aux collateurs, par deux notaires apostoliques, leurs lettres revêtues du *visa* de l'évêque. (Le titre d'apostolique était accordé spécialement à certains notaires, comme il y a quelque temps celui de certificateur.)

(4) L'école des Jacobins était sous l'inspection de l'université, dont les premiers exercices se firent en 1431 dans cette maison religieuse, qui continuait encore d'être en quelque sorte le chef-lieu universitaire.

(5) M. l'abbé Brault, alors chanoine de Ste-Radégonde, depuis évêque de Bayeux et archevêque d'Albi, a été longtemps professeur de théologie au collége.

mois, durant lesquels on recevait les ordres, en suivant un cours de théologie supplétif (6).

Outre le grand séminaire, devenu l'hospice civil et militaire, il y avait un petit séminaire sous l'invocation de St-Charles, dirigé, comme le premier, par la congrégation de St-Lazare. Les jeunes gens étaient admis dans cette maison, qui sert maintenant de caserne, dès le commencement du cours de philosophie, et y passaient toute la durée du *quinquennium*. Dans la dernière année de théologie, ils prenaient les ordres sacrés. Les philosophes se rendaient deux fois par jour au collége, et les théologiens allaient à l'école des Jacobins. Plusieurs étudiants, qui ne se destinaient pas à la prêtrise, entraient au séminaire de St-Charles pour les deux années de philosophie seulement, et y faisaient ce qu'on appelait *leur université*. Ils acquéraient par là le triple avantage du secours des répétitions, d'un genre de vie réglé qui les mettait à l'abri des dangers du séjour de la ville, et d'une grande économie dans le prix de pension. Ils portaient, comme les autres, le costume ecclésiastique, et ils étaient assujettis aux mêmes observances.

Après avoir suivi les cours de théologie, soit du collége, soit des Jacobins, et ensuite celui du séminaire, on n'avait encore acquis aucun droit aux grades délivrés par la faculté, qui ne les accordait qu'à la suite d'épreuves particulières et de thèses publiques ; mais elle n'avait pas elle-même d'enseignement spécial.

L'aspirant au baccalauréat, qui devait d'abord être

(6) La dispense du temps de séminaire était accordée à quelques jeunes ecclésiastiques qui ne s'y rendaient que pour être examinés et faire une retraite à l'époque des ordinations. De ce nombre étaient ceux qui enseignaient dans les petites écoles gratuites de garçons, établies sur les paroisses de St-Germain et de St-Porchaire.

maître ès arts, commençait par subir deux examens approfondis, et soutenait ensuite une thèse solennelle appelée *tentative*. Il ne pouvait être admis à la licence qu'au bout de deux années, pendant lesquelles il était obligé d'assister à toutes les thèses et d'y argumenter, puis d'en soutenir lui-même trois, dont les deux premières portaient le nom de *mineure et majeure ordinaires*, et la troisième celui *d'opportunique* (7). Il n'en restait plus qu'une, nommée *aulique*, pour parvenir au doctorat.

Les exercices publics, ou plutôt, suivant le mot consacré, les *actes* pour les grades de la faculté de théologie avaient lieu dans l'église paroissiale de Ste-Opportune, sur l'emplacement ou le territoire de laquelle on serait porté à croire qu'il avait existé jadis des classes destinées à des études théologiques, car la désignation de lieu, inscrite sur les thèses, était *in scholis Opportunicis* (8).

L'université en corps assistait à ces thèses, et tout le monde y pouvait argumenter librement, excepté pour le doctorat, où ce droit n'était accordé qu'aux docteurs. Le soutenant occupait une chaire peu élevée, au-dessous d'une autre plus haute dans laquelle montait un membre de la faculté, qui remplissait les fonctions de président et de parrain ; la thèse rédigée par

(7) On l'appelait *sorbonique* dans l'université de Paris, où les autres dénominations étaient les mêmes qu'à Poitiers.

(8) Il paraîtrait, d'après Thibaudeau, que ce fut un Etienne, abbé de Montierneuf, et doyen de la faculté de théologie, qui fit décider que l'église de Ste-Opportune, dont il était patron, servirait pour les *actes* de la *sacrée* faculté. Les abbés de Montierneuf avaient le titre de conservateurs des priviléges apostoliques de l'université.— Par suite de la prérogative accordée à l'église de Ste-Opportune, le curé de cette paroisse devait être au moins bachelier en théologie.

le candidat était soumise à son approbation (9). La cérémonie s'ouvrait par un discours latin de quelques phrases, que prononçait un enfant revêtu du costume ecclésiastique (10).

C'était le trésorier du chapitre de St-Hilaire, chancelier-né de l'université, qui, sous l'autorité du recteur, recevait le serment des gradués et délivrait les diplômes, ou, comme on disait alors, les *lettres*.

Les cours de la faculté de droit, qui se tenaient dans la salle dont on a fait celle de l'hôtel de ville, étaient, quant aux grades, à peu près réglés comme aujourd'hui. Il fallait, pour devenir licencié, trois années d'études et

(9) Un de mes professeurs de troisième, car cette classe en a eu plusieurs l'année où je la fréquentais, voulut prendre des grades en théologie, et, attendu qu'il passait pour janséniste, il choisit comme parrain un docteur qui avait la même renommée. La faculté crut trouver dans une de ses thèses des propositions malsonnantes : le conseil ecclésiastique de l'évêque ayant été consulté, jugea de la même manière, et en conséquence, après bien des pourparlers, il y eut un décret de suppression. L'aspirant et surtout le parrain, criant à la prévention et à l'injustice, firent appel au parlement, qui cassa la décision de la faculté. Cette affaire eut dans le temps beaucoup d'éclat.

(10) Je me rappelle toujours avec un véritable plaisir qu'étant âgé de dix à onze ans, et faisant alors ma cinquième, j'ai rempli ce rôle d'apprenti orateur. Je crois encore m'entendre déclamer de ma voix la plus claire, avec mes bras les plus arrondis et mes saluts les plus gracieux : *Rector magnifice, proceres academiæ sapientissimi, baccalaurei subtilissimi, omniumque ordinum auditores ornatissimi.... Quàm pretiosum est donum scientia salutis !*..... Malheureusement il y a eu dans ma mémoire évaporation complète de tout le reste de la pièce d'éloquence que m'avait serinée le sous-principal du collége, qui avait pris pour sujet de sa thèse de bachelier la science du salut. Ce que je n'ai pas oublié, c'est que les gros bonnets de la faculté m'adressèrent de grands éloges, dont mon amour-propre ne se régala pas moins que ma friandise d'un bon goûter subséquent. De tout quoi il s'ensuivit à mes yeux que le récipiendaire ne pouvait manquer d'être le premier théologien de la chrétienté.

un nombre déterminé d'inscriptions, appelées dans ce temps-là *matricules*. Mais l'assiduité aux cours n'était pas d'une stricte indispensabilité : on pouvait, suivant l'expression familière, *faire son droit en bottes*, c'est-à-dire ne paraître à l'école, et même à Poitiers, que pour s'inscrire aux époques fixées, et, si peu que l'on répondît pertinemment lors des épreuves, on était reçu. Les examens préparatoires n'étaient pas faits par une réunion de professeurs : l'aspirant allait trouver successivement ses examinateurs chez eux, et l'interrogatoire avait lieu en tête-à-tête. Les thèses se soutenaient dans la salle des cours, sans apparat, et en présence d'un seul professeur ou même d'un agrégé. Les étudiants argumentaient les uns contre les autres. Il n'y avait d'assemblée générale de la faculté et du corps universitaire que pour quelques licences marquantes et pour le doctorat. Le présidial, les trésoriers de France et le corps de ville recevaient alors l'invitation de se rendre aux épreuves. Chaque thèse était annoncée, comme toutes les cérémonies relatives aux études, par la cloche de l'université, placée dans le clocher de St-Porchaire, où on la voit encore. Les soutenants, revêtus d'une robe, allaient en chaise à porteurs déposer des exemplaires de leur thèse chez tous les membres de la faculté, composée des professeurs (docteurs-régents ou antécesseurs) et des docteurs agrégés, puis chez les personnes notables auxquelles ils voulaient donner un témoignage de déférence (11).

(11) Les étudiants en droit étaient jadis en général beaucoup plus âgés qu'aujourd'hui. Ils formaient une espèce de corporation ayant pour chefs un prévôt et son lieutenant, ordinairement choisis par leurs camarades parmi les têtes les plus ardentes et les brétailleurs les

La faculté de médecine de Poitiers n'enseignait plus depuis un temps immémorial. Elle se composait de docteurs, qui, après avoir été reçus par d'autres universités, exerçaient leur profession dans la ville, en nombre presque dix fois moindre qu'aujourd'hui. Néanmoins, pour conserver un simulacre d'enseignement médical, la faculté réunie désignait tous les ans les professeurs chargés de différentes classes nominalement établies. Chacun d'entre eux, à tour de rôle, prononçait le discours d'inauguration, et donnait un dîner à ses confrères, puis le cours annuel était fini. Lorsqu'il arrivait un nouveau médecin, il soutenait, pour être agrégé à la faculté, une thèse publique dans la salle des Jacobins (12).

plus adroits. Les cours de droit étaient en effet suivis moins assidûment par la plupart des jeunes juristes que ceux d'escrime. Une salle d'armes spéciale les réunissait, et ils se battaient fréquemment en duel contre les officiers de la garnison, avec lesquels ils étaient en rivalité permanente et traditionnelle.—Lorsque le comte d'Artois, frère de Louis XVI, passa dans notre ville pour se rendre au siège de Gibraltar, les étudiants en droit, composant une garde d'honneur à cheval, allèrent au-devant de lui avec un drapeau sur lequel ils avaient fait peindre les armoiries adoptées par l'école, et représentées sur l'enseigne de la salle d'armes et du café qui portaient son nom. C'étaient deux épées nues en sautoir surmontées d'une couronne royale. [Le drapeau dont je viens de parler fut emprunté au collége, où chaque classe, depuis la cinquième jusqu'à la rhétorique, en avait un que portait dans différentes processions et cérémonies l'élève occupant alors la première place. La peinture ajoutée par les étudiants à celui des rhétoriciens n'avait pas été effacée.]—En 1789, à l'époque de la création de la garde nationale, l'école de droit se constitua en compagnie d'élite, et prit pour costume un habit écarlate doublé de blanc, avec les revers, les parements et le collet de velours bleu.

(12) Quelques années avant la révolution, le fils d'un des apothicaires les plus renommés de Poitiers, ayant été reçu docteur en médecine à Montpellier, voulut se fixer dans la ville qui l'avait vu naître. Il se mit en mesure de soutenir sa thèse d'agrégation : mais, de même que les membres du présidial s'étaient fait une jurispru-

D'après un arrêt du parlement, le principal du collége de Ste-Marthe était doyen de la faculté des arts, que composaient avec lui les deux professeurs de philosophie et celui de rhétorique (13).

Le grade de maître ès arts étant nécessaire pour utiliser complétement les études faites dans les autres facultés, et pour se livrer à l'enseignement public, ce grade assurant toujours aux membres du clergé des chances favorables, et devenant même en plusieurs occasions indispensable pour être nommé aux bénéfices autres que les cures de campagne, presque tous ceux qui suivaient régulièrement leurs classes les terminaient par l'obtention d'un titre à la fois honorable et fructueux. Pour y être admis, on devait avoir fait *son université*, c'est-à-dire fréquenté les deux cours de philosophie du collége, dont les professeurs n'étaient point chargés, l'un de la logique,

dence dont il résultait que le fils d'un procureur ne devait pas être admis à siéger parmi eux en qualité de conseiller, les médecins regardaient comme une outrecuidance exorbitante de la part du fils d'un suppôt de la faculté, de prétendre signer des ordonnances dont son père n'était accoutumé qu'à devenir l'exécuteur. L'aspirant fut donc traité avec toute la rigueur possible. Aigri par l'amertume qu'il crut remarquer dans la discussion des argumentateurs, il mit à son tour de l'âcreté dans ses réponses, et l'on s'échauffa au dernier point de part et d'autre. La nuit étant arrivée avant que la thèse fût finie, il devint nécessaire d'éclairer la salle. Alors le soutenant dit tout haut au bedeau qui voulait placer des flambeaux sur son bureau : « Portez cela à ces messieurs ; ils ont grand besoin qu'on leur donne des lumières pour préparer leurs arguments, et il n'en faut pas pour les réfuter. » La non-admission ayant été prononcée, le candidat repoussé se pourvut au parlement ; mais l'exclusion fut maintenue, et l'appelant condamné à l'amende ainsi qu'aux dépens.

(13) Autrefois le principal du collége des Deux-Frères ou de St-Pierre, établissement supprimé, dans lequel on enseignait la philosophie, avait le décanat de la faculté de .s. Le collége de Ste-Marthe était alors dirigé par les jésuites.

et l'autre de la physique, mais enseignaient alternativement les deux classes, de sorte que les mêmes écoliers avaient le même maître pendant la durée bisannuelle du cours entier. L'enseignement était donné d'après des cahiers dictés par les professeurs, qui les rédigeaient à leur gré (14).

Dans la première année, on étudiait la logique, la métaphysique et la morale; dans la seconde, les éléments des connaissances physiques de l'époque. Tous les mois, quatre élèves, désignés parmi les meilleurs, soutenaient dans chaque classe une thèse à laquelle les étrangers pouvaient venir argumenter.

A la fin de la logique, quelques répondants choisis soutenaient la thèse dite des *chevaliers*, où les nouveaux maîtres ès arts, dont la réception précédait un peu cet

(14) Il résultait parfois de ce défaut de règle commune et absolue dans l'ensemble de la doctrine, que chaque cours était dirigé d'après des systèmes tout à fait différents et même opposés sur quelques points, surtout en physique, où tel démontrait le plein avec Descartes, et tel autre le vide avec Newton. Ces divergences d'opinion occasionnaient dans les exercices intérieurs, pour lesquels un professeur argumentait contre les élèves de l'autre, des disputes si animées, que la limite des convenances n'y était pas toujours complétement respectée. On racontait de mon temps que deux vieux professeurs, dont l'un enseignait encore, poussèrent un jour si loin les choses, que le cartésien, gascon d'origine, de pétulance et d'accent, dit à son collègue le newtonien, dans un mouvement d'impatience : « *Non datur vacuum nisi in capite tuo.* » — Les écoliers entre eux saisissaient toutes les occasions d'exalter l'étendard déployé par leur maître. La clôture de la physique arrivait vers la fin de juin, et il était d'usage que l'un des étudiants, accompagné de ses camarades, vînt dans la classe de logique, dont les vacances ne commençaient qu'avec le mois d'août, adresser en latin aux élèves de ce cours un discours d'adieux que quelques-uns faisaient même en vers. L'orateur ne manquait jamais de préconiser avec enthousiasme le système de physique de l'année qui finissait, en dépréciant malignement le système présumé de celle qui allait commencer.

exercice, avaient seuls le droit d'argumentation. Les autres logiciens n'étaient soumis qu'à des examens; et, à la suite de ces diverses épreuves, la faculté délivrait des lettres de bachelier ès arts aux sujets reconnus capables.

Un éclatant appareil accompagnait les *actes* qui terminaient la classe de physique. Un certain nombre d'écoliers, pris parmi les plus distingués, était chargé de soutenir en commun la thèse des maîtres ès arts, qui embrassait tout l'enseignement philosophique des deux cours. Les répondants, toujours voiturés en chaise à porteurs, distribuaient avec profusion dans la ville des placards immenses ornés de gravures d'une dimension proportionnée. La cloche de l'université annonçait la thèse, qui avait lieu dans la salle des exercices du collége, dont on fait maintenant un lieu de récréation pour les plus jeunes pensionnaires. La fenêtre du milieu, à gauche en entrant, était fermée avec des tapisseries, et, dans son embrasure, on dressait une chaire destinée au professeur. Au-dessous régnait une longue tribune drapée, dans laquelle les soutenants siégeaient en robe, mais sans chausse. A droite de cette tribune, et sur le pavé de la salle, était un fauteuil pour le recteur; à la suite, et toujours en remontant vers la droite, une rangée de chaises, toutes sur la même ligne, recevait le corps universitaire. Immédiatement à côté du recteur s'asseyait la faculté de théologie, puis la faculté de droit, puis celle de médecine, puis celle des arts, puis les officiers judiciaires et administratifs de l'université (15). En face de

(15) Ces officiers étaient un avocat général, un procureur général et son substitut, un secrétaire général, un receveur général, un avocat et un procureur de l'université. Les secrétaires des quatre facultés avaient le pas sur ces deux derniers fonctionnaires, et ils étaient comptés parmi les officiers.

la chaire et de la tribune, figurait, un peu en avant, le fauteuil du Mécène, c'est-à-dire du personnage auquel était dédiée la thèse (16). Quelquefois la dédicace s'adressait à un corps, tel que le présidial, les trésoriers de France, la mairie, l'un des chapitres de la ville. Dans ce cas, le corps assistait en entier, ou par députation nombreuse, à l'exercice ; son chef prenait le fauteuil, et les autres membres occupaient des chaises placées à la suite. Le présidial ou les trésoriers de France venaient en robe (17).

(16) Le Mécène était d'ordinaire soit un prince, soit un fonctionnaire de premier ordre, soit un particulier d'un rang distingué. Sous l'administration de M. de Blossac, intendant de la province, un jeune homme, dont le père était employé à l'Intendance, dédia sa thèse à Mme de Blossac la belle-fille. Cette dame assista à l'argumentation, qui eut lieu en français, ainsi que la position imprimée des questions.

(17) Les thèses étaient la seule circonstance où le présidial et l'université se trouvassent réunis officiellement. L'université, par suite d'anciennes querelles de préséance, ne paraissait point aux solennités publiques générales : elle faisait particulièrement ses processions et ses cérémonies religieuses dans l'église des Jacobins. Ainsi qu'on l'a vu plus haut, ce couvent lui était en quelque sorte affilié, de même que ceux des Cordeliers, des Carmes, des Augustins et des Minimes, chez lesquels elle se réunissait en différentes occasions. Il y avait aussi plusieurs églises de la ville où elle se rendait à certains jours ; par exemple, à Saint-Hilaire et à Sainte-Radégonde, pour les premières vêpres de la fête des saints patrons ; à Notre-Dame, pour l'intronisation du recteur, etc. Au surplus toute relation quelconque entre l'université et le présidial n'était pas complétement rompue. D'abord, les officiers du présidial avaient été institués par Charles VII conservateurs des priviléges royaux de l'université; ensuite, pour descendre sans intermédiaire à des rapports d'un ordre beaucoup moins élevé, il y avait un jour de l'année où les externes du collége se rendaient en troupe, armés de bâtons, chez le conseiller exerçant les fonctions de lieutenant de police, pour lui demander le congé appelé des *riboutes* : cette dénomination venait de ce que les bâtons dont se munissaient les écoliers, et avec lesquels ils frappaient, en poussant de grands cris, sur les portes et les contrevents des rues où ils passaient,

Si le Mécène n'assistait point à la séance, on étalait dans son fauteuil la thèse imprimée sur du satin blanc et encadrée richement dans des baguettes dorées. S'il était présent, on suspendait cette thèse au-dessus de la chaire. Derrière le carré vide que formaient les siéges de l'université, du Mécène et des autres personnes de marque, se suivaient, aussi en carré, plusieurs rangées de simples bancs de bois que garnissait une nombreuse assistance, composée d'ecclésiastiques, de religieux de différents ordres, de magistrats, d'avocats, de citoyens notables, d'élèves des classes supérieures et même inférieures du collége.

Le recteur, les facultés, les officiers de l'université, se réunissaient dans une grande salle du collége, dite salle de l'Université (18). A l'heure fixée, le cortége, disposé en cette circonstance comme en toutes celles où le corps universitaire avait à paraître, arrivait dans l'ordre suivant :

étaient terminés par ces espèces de crosses ou de petites masses qui portent le nom de *riboutes* parmi le peuple. On allait aussi chez le maire, pour obtenir congé, quand le bénitier de la chapelle du collége était gelé. Il n'y avait autrefois pas de feu dans les classes.

(18) La salle dont il s'agit sert aujourd'hui de second réfectoire au pensionnat du collége royal. Une boiserie à hauteur d'homme, avec des banquettes adhérentes, la garnissait dans tout son pourtour; au fond se trouvait une sorte de fauteuil tenant à un panneau de menuiserie. La réunion, appelée alors *tribunal*, que remplace le conseil académique actuel, avait lieu tous les quinze jours, excepté durant les vacances, dans la salle de l'Université. Toutes les questions administratives et financières relatives au collége y étaient décidées souverainement. Le tribunal nommait proprio motu les *régents* des classes de grammaire et d'humanités. Les chaires de *professeurs* de philosophie et de rhétorique se disputaient publiquement au concours : le tribunal réglait la marche et la matière des exercices, jugeait les épreuves, et prononçait entre les candidats. (Quelquefois il y avait dispense de concours, mais par exception et avec l'approbation du

Les bedeaux en robe avec leurs masses (19);

parlement. L'un des professeurs de philosophie étant mort au milieu de l'année, pendant que je faisais mes études, on lui donna sur-le-champ de cette manière un successeur qui exerçait depuis longtemps dans le collége d'une province voisine. J'ai vu en revanche, un peu plus tard, mettre au concours l'autre chaire de philosophie et celle de rhétorique.]—Le tribunal, présidé par le recteur, était composé du doyen et d'un membre de chaque faculté, du procureur général et du secrétaire général. Tous prenaient séance, suivant leurs rangs, sur deux grands bancs de bois à dossier, de forme circulaire, établis de chaque côté du siége à bras déjà mentionné. Ce siége, qu'occupait le recteur, était surmonté d'un portrait du duc de Chartres, gouverneur de la province, lequel figure à présent au musée de la ville. Au-dessus d'une porte condamnée, à gauche dans le fond, se faisait remarquer le portrait de M. du Tréban, dernier trésorier de St-Hilaire, chancelier de l'université. Sur le trumeau de l'immense cheminée qui faisait face aux siéges des membres du tribunal, s'étendait un long tableau représentant un saint de l'ordre des jésuites. [Pendant l'hiver, vu la difficulté de chauffer la grande salle, le tribunal s'assemblait dans un appartement intérieur du collége.]

(19) Il y avait cinq bedeaux, un pour le recteur, et un pour chacune des facultés. Leurs masses, de modèles différents, deviendraient, si elles existaient encore, des pièces curieuses pour un cabinet d'antiquités. Celle de la faculté de théologie, la plus remarquable de toutes, représentait une sorte de clocher à plusieurs faces en style gothique, avec des ogives, des trèfles et autres ornements de ce genre d'architecture. Elle était supportée par un bâton assez long et mince. Il n'y avait que celle-là d'argent pur; les autres étaient en cuivre, argenté depuis si longtemps qu'on y voyait presque moins de blanc que de jaune. La tête de celle du recteur ressemblait un peu à une grosse poivrière octogone. Celle de droit ou de médecine, je ne sais plus trop laquelle, se composait d'une tige courte et renforcée, surmontée d'un globe d'assez forte dimension. Il ne me reste que des idées confuses sur la forme des deux dont je ne parle pas. — Il paraît que la médecine avait eu jadis une très-belle masse en argent, ornée de ciselures, de bosses, d'émaux et de dorures; mais elle avait sans doute été remplacée depuis longtemps, car je ne l'ai jamais vue, et je n'ai jamais rencontré personne qui la connût autrement que par le dessin colorié conservé dans les archives de la faculté.

Le recteur, marchant seul après les bedeaux (20) ;

Les docteurs en petit costume, allant deux à deux, selon la hiérarchie établie entre les facultés (21) ;

(20) Le recteur n'était pas, comme à présent, investi de fonctions perpétuelles. Il changeait tous les ans, et on le prenait tour à tour dans les quatre facultés, dont chaque membre arrivait successivement au rectorat par rang d'ancienneté ; de sorte que, pour obtenir cette dignité, il ne fallait que vieillir. — La robe rectorale était en velours cramoisi, bordée au cou, sur les devants, et tout autour, en bas, d'une bande de fourrure d'hermine de la largeur de la main. Une étoffe de soie noire peu épaisse formait les manches larges et plissées, mais sans aucune fourrure. Comme les membres laïques de l'université portaient, ainsi que ceux de la magistrature et du barreau, leurs cheveux longs, pommadés, poudrés, et terminés par une grosse boucle appelée *conseillère*, il y avait sur le dos de la robe du recteur une sorte de petit tablier en taffetas rouge, destiné à garantir le velours de la poudre et de la pommade. Mais, tous les chefs annuels de l'université revêtant successivement la même robe, notre œil moqueur d'écoliers trouvait que le préservatif, devenu graisseux et farineux outre mesure, offrait un aspect assez bizarre, lorsque la chevelure ronde et courte d'un recteur ecclésiastique rendait le tablier inutile. Un autre inconvénient de la communauté de costume n'échappait point à l'espièglerie de notre contrôle. La robe, devant servir à toutes sortes de tailles, était coupée sur un patron de dimension moyenne. Ainsi donc, tandis que les petits hommes se montraient embarrassés pour ne pas marcher dessus par-devant, les grands, vu qu'il n'y avait point de simarre dessous et de queue traînante par-derrière, semblaient vêtus d'une houppelande écourtée. Quand la révolution produisit, parmi tant d'autres suppressions, celle de l'université, M. le docteur-médecin Lamarque était recteur, et la robe resta entre ses mains. Je l'ai vue, depuis la création de l'université nouvelle, sur le cercueil de deux ou trois anciens recteurs de l'université d'autrefois, et elle a fini, m'a-t-on dit, par devenir une chasuble qui a été donnée au séminaire.

(21) Les facultés avaient un grand et un petit costume. Pour le premier, les docteurs en théologie, qui étaient tous ecclésiastiques, mettaient sur leur soutane une épitoge, c'est-à-dire une rotonde ou camail entièrement en fourrure d'hermine. Leur petit costume, commun aux membres des autres facultés, était une robe d'avocat avec une chausse bordée d'un seul rang de fourrure. La faculté de théologie

Les officiers de l'université (22).

Lorsque le corps universitaire avait pris sa place, un des soutenants prononçait en latin le discours d'ouverture, à la suite duquel les bedeaux distribuaient les thèses (23). Cette opération étant terminée, le soutenant placé le premier à droite dans la tribune s'avançait à la barre, et se tenait debout, tandis que les autres demeuraient assis. Alors la personne qui voulait argumenter contre lui se levait en prononçant ces mots, à quelques variantes près : *Argumentor, modò priùs annuerint, Mecenas illustrissimus*, recteur magnificus,

portait cette chausse en laine noire; la faculté de droit, en laine écarlate; celle de médecine, en soie cramoisie, et celle des arts, en soie violette. La coiffure du recteur et de toutes les facultés était une barrette de drap noir sans aucun galon, mais surmontée d'une touffe de longues franges d'or. Les ecclésiastiques conservaient leur rabat ordinaire, appelé *petit collet*; les laïques prenaient de longs et larges rabats noirs bordés de blanc, comme les juges. Les religieux plaçaient la chausse sur leur habit monacal, sans mettre aucun rabat. — Le grand costume de la faculté de droit consistait dans une simarre noire sur laquelle était posé un long manteau d'étamine écarlate avec une épitoge et une doublure d'hermine. — Celui de la faculté de médecine était à peu près semblable; mais le manteau était doublé en bleu céleste, avec une bande de fourrure sur le bord. — La faculté des arts avait une robe courte en moire de soie violette, faite absolument comme celle du recteur, et bordée aux mêmes endroits. Les manches, pareilles à la robe, étaient aussi garnies de fourrure.

(22) Les officiers de l'université et les secrétaires des facultés portaient la robe, le chaperon, le rabat et la barrette des avocats.

(23) Elles étaient de deux sortes : les unes, ainsi qu'il a été dit, d'un vaste format orné de gravures; les autres imprimées sur une feuille de papier de grandeur ordinaire, contenant seulement, avec toutes les suscriptions qui composaient le titre, les propositions offertes à l'argumentation. La formule suivante précédait le nom des soutenants : *Has theses, Deo duce et auspice Dei parâ, tueri conabuntur* ou *propugnabunt*, etc. Les grandes thèses étaient données aux personnes marquantes, et les petites au reste de l'assemblée.

proceres academiæ doctissimi, benevolaque ádstantium corona (24).

Souvent deux, et même trois ou quatre argumentateurs, surgissaient ensemble de divers points de la salle, et le plus ordinairement cette concurrence se terminait par un combat de politesse ; mais, dans d'autres circonstances, les contendants, parlant tous à la fois, s'obstinaient à continuer la formule introductrice, et même entamaient leur premier argument. Dans ces cas, on en venait à se demander réciproquement : *Quo jure argumentaris?* et chacun déduisait l'espèce et la date du grade qu'il possédait. La supériorité de titre ou l'ancienneté assurait à celui qui jouissait de cet avantage la conservation du champ de bataille, où il commençait à attaquer, d'un ton de triomphateur, le soutenant, obligé d'attendre avec une anxieuse résignation pour savoir contre quel champion il finirait par avoir à se défendre (25).

(24) Une tradition d'écolier racontait qu'un vieillard inconnu, d'un extérieur plus que modeste, se levant dans une thèse, au lieu de dire, suivant l'usage, *argumentor*, avait prononcé très-distinctement *argumento*, et qu'aussitôt un rire universel accueillit le barbarisme apparent ; mais que, sans se montrer aucunement intimidé par l'hilarité toujours croissante, le bonhomme avait répété à plusieurs reprises, et d'un ton plus élevé à chaque fois, le mot auquel il semblait tenir en dépit de tout ; puis que profitant d'un intervalle entre les éclats de gaîté bruyante, il avait doctoralement articulé cette phrase : *Argumento uno volo totam cathedram converrere*. La chronique ajoutait qu'en effet il avait, scolastiquement parlant, *mis à quia* non-seulement la troupe entière des maîtres ès arts en herbe, mais même le professeur. Du reste, on ne joignait à cette belle histoire ni nom ni date; c'était en un mot une anecdote non pas de chasse, mais de classe, titres de confiance à peu près égaux en valeur.

(25) Huit ou dix argumentateurs habitués, et qu'on aurait presque pu appeler jurés, étaient en possession à peu près monopolique de

Le débat consistait presque toujours dans l'échange de quelques objections et de quelques réponses également rebattues ; mais, de temps en temps, la taquinerie ou l'envie de faire de l'effet amenait des discussions vives et même un peu aigres, auxquelles le professeur prenait part quand il voyait ses élèves trop fortement pressés. Dans ces occasions, ou bien quand l'argumentation, quoique bénigne, se prolongeait outre mesure, le recteur faisait signe à son bedeau, qui allait annoncer à l'argumentateur, par une profonde inclination, que sa joute était terminée. L'assaillant adressait lui-même un salut à son adversaire, qui se rasseyait, et une nouvelle passe d'armes s'ouvrait entre deux combattants nouveaux (26).

défrayer toutes les thèses d'objections plus ou moins saugrenues. Comme tout le monde les connaissait parfaitement, comme ils se connaissaient eux-mêmes à merveille, lorsque plusieurs d'entre eux se levaient ensemble, on savait aussitôt quel était celui qui, pour emprunter dans une affaire d'école une locution de jeu d'écoliers, *avait barre sur les autres*, et il ne s'élevait pas de difficulté sur une prééminence dès longtemps établie par des luttes antérieures. Mais quand un nouveau venu s'avançait dans l'arène, c'était alors qu'on se procurait le plaisir de l'obliger à décliner ses titres, et qu'on jubilait avec jactance d'avoir à lui en opposer de plus puissants. D'un autre côté, si quelque argumentateur accoutumé avait pour ennemi un gradué plus ancien que lui, celui-ci se complaisait à se lever dès qu'il le voyait levé lui-même, afin de lui donner la petite humiliation de le *faire asseoir*, suivant l'expression techniquement consacrée. Toutes ces querelles, assurément bien futiles au fond, devenaient fréquemment très-amusantes dans la forme.

(26) Il se glissait souvent de la contrebande dans ces épreuves en apparence si imposantes et si sérieuses. Les soutenants qui se défiaient d'eux-mêmes avaient recours aux *arguments communiqués* ; mais cette ressource pouvait devenir trompeuse. Lorsqu'en effet le hasard, et parfois la malice, faisait qu'un argumentateur supérieur en grade réduisait au silence l'obligeant compère qui avait donné et

Quand les soutenants avaient successivement paru dans la lice, le corps universitaire se retirait sans qu'il y eût aucun discours prononcé, soit par son chef, soit par quelqu'un de ses membres. Il arrivait, mais assez rarement, qu'un docteur de telle ou telle faculté argumentât, et alors il avait le pas sur tout autre contendant (27).

Outre la thèse collective des maîtres ès arts, quelques sujets distingués soutenaient individuellement sur les mêmes matières des *actes particuliers*, où tout se passait sur tous les points comme dans les thèses générales. Peu de temps avant la révolution, un étudiant achevant sa philosophie soutint en français un acte particulier sur

reçu la réplique, le pauvre soutenant, tout déconcerté, voyait se joindre à sa faiblesse native l'embarras subit qui résultait de son mécompte. Aussi était-ce une bonne fortune que de pouvoir se concilier la bienveillance d'un argumentateur haut huppé; et ceux de ce genre qu'on disait accessibles aux conventions préparatoires étaient retenus longtemps d'avance par les heureux lauréats qui avaient quelques moyens de se les assurer pour interlocuteurs. C'était effectivement un véritable dialogue de comédie qui se débitait ailleurs qu'au théâtre.

(27) La plupart des réunions universitaires, même les plus solennelles, se passaient sans qu'il fût dit un mot non prescrit par le protocole. A la fin de l'année scolaire, le recteur, à la tête de l'université, faisait, devant toute la ville, la distribution des prix du collége, sans prononcer aucune allocution préalable. [Cette distribution était précédée alternativement par un exercice sur la littérature latine et française, et par un plaidoyer; dans l'un comme dans l'autre cas figuraient les seuls élèves de rhétorique; ceux des classes inférieures subissaient ailleurs, quelques jours auparavant, des examens appelés *affiches*, auxquels les étrangers pouvaient prendre part. — Je me trouvai, avec Boncenne, mon condisciple de prédilection dans le cours complet de nos études, rhétoricien d'une année de plaidoyer; il fut comme moi du nombre des avocats, et, à l'âge de quinze ans que nous avions alors, il donna lieu de prévoir, par la supériorité de débit qu'il montra sur nous tous, le talent remarquable dont il fit preuve au barreau dans la suite.]

la physique, avec accompagnement de démonstrations et d'expériences à l'appui. On étala pompeusement au bas de la chaire toutes les richesses en instruments d'un cabinet alors bien pauvre ; on invita les dames à la séance, qui, grâce aux merveilles les plus élémentaires de l'électricité et de la machine pneumatique, produisit un grand effet comme objet de curiosité. Du reste, son mérite sous le rapport scientifique équivalut à peu près à celui d'une récréation de physique amusante que donneraient, sans tours de gobelets et de cartes, les Conus, les Comte et autres physiciens ambulants de même volée (28).

Les maîtres ès arts étaient reçus publiquement le lendemain de la thèse. On les réunissait de nouveau

(28) Afin qu. ne manquât rien à l'agrément du spectacle, on eut soin de l'orner d'épisodes comiques. Je me souviens qu'entre autres facéties, le soutenant ayant aperçu un jeune paysan venu pour apporter la robe de quelque docteur dont il était domestique, il le fit avancer dans l'enceinte, au milieu de laquelle s'élevait la table chargée d'instruments de physique. On plaça un petit écu sur le tableau magique mis en communication avec la machine électrique, puis on fit monter sur un isoloir le villageois, auquel on dit que la pièce de monnaie lui était donnée, et qu'il n'avait qu'à la prendre. Il crut d'abord qu'on voulait plaisanter; mais, excité par les encouragements et les assurances qu'on lui répétait, il avança doucement la main en hésitant à p!. sieurs fois; enfin il arriva à distance suffisante pour tirer l'étincelle, et reçut une telle comotion qu'il sauta en arrière, secouant son bras avec des grimaces qui provoquèrent au suprême degré la gaîté générale. On l'engagea à prendre sa revanche, et on eut beaucoup de peine à l'y décider ; mais, tout à coup, soit que l'idée lui fût venue d'elle-même, soit qu'un voisin officieux la lui eût soufflée, il remonta sur l'isoloir, posa brusquement ses doigts sur le tableau, et saisit l'écu malgré la secousse qu'on avait pris plaisir à rendre plus vive que la première. Monsieur, dit-il en se frottant l'épaule, après avoir mis sa conquête dans son gousset , ça taperait-il encore plus raide pour un six francs?... On rit ; mais on ne tenta pas l'épreuve.

dans la salle des exercices, sous le patronage de la faculté des arts, pour cette fois en grand costume. Le doyen, après avoir proclamé en latin la capacité des candidats et leur admission au grade mérité par eux, les invitait à monter successivement dans la chaire, où se trouvaient une chausse bordée de fourrure et une barrette ornée d'une houppe d'argent. Chacun d'eux posait lui-même la chausse sur son épaule gauche, la barrette sur sa tête, et, ainsi décoré des insignes caractéristiques du droit d'exercer l'enseignement public, il prononçait à son choix une phrase latine qui, d'après le but primitif de l'institution, devait exprimer quelque maxime religieuse ou morale, quelque apophthegme grave et sententieux, mais qui était devenue par le fait soit une saillie d'imagination, soit une citation détournée de son sens naturel, où l'on cherchait à faire assaut d'esprit et d'allusions plaisantes (29).

Immédiatement après la réception, et toujours sur l'invitation latine du doyen, chaque maître ès arts, pour commencer l'usage du pouvoir d'enseigner qui venait de lui être conféré, se rendait dans une des classes du collége, où l'attendaient le maître et les élèves. Il montait

(29) Les lauréats, et surtout les jeunes ecclésiastiques, choisissaient de préférence des passages de l'Ecriture sainte qui fournissaient quelque à-propos. Par exemple, j'étais présent lorsque l'un d'eux, s'étant coiffé de la barrette, parut soulever avec beaucoup de peine la chausse et succomber sous le poids en l'approchant de son épaule; puis il s'écria en levant les yeux au ciel : *Deus, in adjutorium meum intende. Domine, ad adjuvandum me festina.* Un autre, aujourd'hui vénérable curé presque octogénaire, qui ne partage plus qu'avec bien peu de gradués le titre de maître ès arts de l'ancienne université, faisant allusion aux vacances qui allaient commencer, prononça ce verset de l'Evangile : *Amen, dico vobis, modicum, et non videbitis me, quia vado ad patrem.*

en chaire, et adressait au professeur des compliments que celui-ci lui rendait ; quant à la leçon aux écoliers, elle consistait dans une distribution de dragées accueillies par d'unanimes et bruyants *vivat*.

Ainsi se terminait l'initiation des maîtres ès arts, qui recevaient, comme leurs autres condisciples dont ils étaient censés les représentants, des lettres imprimées sur parchemin et munies de la signature du doyen, des docteurs, du secrétaire, ainsi que du sceau de la faculté.

(*Extrait des bulletins imprimés de la Société des Antiquaires de l'Ouest.*)

TABLE ALPHABÉTIQUE.

A.

Actes [thèses], 213, 219.
— particuliers, 227.
Affiches du Poitou, 158. — Affiches scolastiques, 227 n. 27.
Aix-la-Chapelle, 204 et suiv.
Aliénés, 84.
Antiquités romaines, 175 et suiv.
Antoine (St-) hôpital, 88.
Apothicaires, 162.
Arènes, 174 et suiv.
Argumentation, 213, 224 et suiv.
Arsenal, 61.
Augustins, 6, 9, 20, 59, 109, 200, 220 n. 17.
Aumusse, 22.
Ausone (St-), rue, 81.
Austrégisile (St-), 41, 78.

B.

Bains publics, 191.
Bal public, 111.
Bals, 146.
Ballons, 61.
Banc des messieurs, 58.
Bâtons de chantre, 55.
Baume (rue de la), 60, 169 et suiv.
Bedeaux, 55, 222.
Bénédictins, 20, 39, 50, 59, 77.
Bibliothèque publique, 85, 94.
Bicêtre, 120.
Blossac, 3 n. 1, 7, 109, 172 et suiv., 201.
Boivre, 192, 193.
Boucher de carême, 13 n. 1.
Boucherie, 13.
Boulevard du Grand-Cerf, 192. — de St-Cyprien, 190.
— de Pont-Joubert, 191. — du Pont-Neuf, 190.
— de Tison, 61, 188, 190.
Bourdonnaie (la), 139, 177, 192.
Boutique, 163.
Buffon (rue de), 50.

C.

Cabinets de lecture, 159.
Cafés, 11.
Calotte des prêtres, 8.
Calvaire, 77, 188.
Camail, 22.
Campanier, 48.
Canons, 119.
Capucins, 20, 60 et suiv., 77, 83, 133.
Carmélites, 39, 78, 193.
Carmes, 20, 62, 77, 133, 220 n. 17.
Carnaval (le père), 61.
Casernement, 5.
Cathédrale, 20 et suiv., 63 et suiv.
Catherine (Ste-), 5, 75.
Cavalier, 154.
Cérémonies religieuses, 55.
Chaises à porteurs, 14, 215, 219.

Chapelles, 20, 88. — de la Ste Vierge, 124, 189, 190, 193.
Chapitres, 19 et suiv. — [Sobriquets des] 41.
Charité [frères de la] 62, 88.
Charlemagne, 204 et suiv.
Château [ancien], 192.
Chaumont, 112.
Chilvert, 67.
Cimetières, 56.
Clefs (Miracle des). 126, 130, 189, 193.
Clients, 155.
Cloche de l'Université, 215, 219.
Coiffeuses, 161.
Collége, 92 et suiv. — Bibliothèque, 93. — Chaires des classes, 96, 97. — Compositions, 99. — Concours, 221 n. 18. — Confession, 98. — Congrégations (salle des) 94, 99, 108. — Cour (grande), 93. — Croix, 96, 97. — Drapeaux, 45, 97, 215 n. 11. — Eglise, 106 et suiv., 200. — Enseignement, 94 et suiv. — Exercices religieux, 106. — Messe, 97, 98, 99, 106. — Pensionnat, 105. — Philosophie, 217. — Punitions, 100 et suiv., 195. — Semainées, 99. — Vacances, congés, 100, 220 n. 17.
Collègues, confrères, 157.
Conseillers de la Tranchée, 16.
Consulaire (Juridiction), 125.
Convois, 57.
Cordeliers, 20, 36, 63, 65, 77, 220 n. 17.
Cordons bleus de la place Royale, 16.
Corne-de-Bouc (rue), 81.
Corps de ville, 215.
Costumes, 135 et suiv.
Cours [Promenade du], 60, 87.
Couvents de femmes, 19, 77 et suiv. — d'hommes, 19, 59 et suiv.
Criminels (Conduite des), 65.
Croix [Ste-], 23, 42, 78 et suiv. 131, 189.
Cybard [St-], 42.
Cyprien (Abbaye de St-), 19, 59.

D.

Demarconnay, 52.
Deuil, 57. — [Durée], 58.
Deux Frères (collége des), 217 n. 13.
Didier [St-], 43, 50.
Dimanche, 136.
Diners, 151.
Dom [Titre de], 77.
Domestiques, 132.
Droit [Ecole de], 115, 214. — [Etudiants en], 215 n. 11.

E.

Eaux et forêts, 125.
Ecoles de frères, 49, 125, 180. — [Petites], 45.
Ecossais [rue des], 83.
Eglises, 18.
Election, 125.
Elysée [le père], 63.
Epaulettes, 8.
Etat civil (Registres de l'), 58.
Etats généraux, 108.
Etienne [St-], 41.
Evêché, 30, 36.
Evêque, 56.
Exercice, 6. — de rhétorique, 227 n. 27.

F.

Faculté des arts, 217. — de droit, 214, 215. — de médecine, 216. — de théologie, 212 et suiv. — [Costume des], 223 n. 21.
Famille, 178.
Feuillants, 20, 65, 77, 83, 191.
Fleurs de lis, 109.
Filles de boutique, 164. — de Notre-Dame, 39, 81, 193. — de St-François, 80, 83, 191.
Finances [Bureau des], 125.
Fruchet [le père], 64.
Funérailles, 57.

G

Garde nationale, 128.
Gargouille, 200.
Gendarmerie, 81.
Génovéfains, 20, 65.
Germain (St.), 45.
Gibault [abbé], 18.
Gilliers [les], 172.
Grand'Gueule, 131, 196 et suiv.
Grand'Maison, 81.
Graouilli, 199, 200.
Grosse horloge, 38, 39, 86, 117.
Guillaume VI [Tombeau de], 75.

H.

Halles [les], 89.
Hilaire [St-], 31 et suiv., 35, 48, 50, 55, 60, 87, 126 n. 1, 220 n. 17. —[Etang de], 192. —[Paroisses dépendantes de], 48.
Hilaire de la Celle (St-), 19, 45, 65, 78.
Hilaire entre les églises [St-], 46.
Hôpital général, 84.
Hôpitaux, 84.
Hospitalières, 80, 88.
Hôtel de ville, 13, 113 et suiv., 214. — [Chapelle de l'], 114, 115.
Hôtel-Dieu, 85, 117.

I.

Incurables [Hôpital des], 87.
Intendance, 133.

J.

Jacobins, 7, 20, 66, 133, 211, 216, 220 n. 17.
Jacques [Chapelle de St-], 89 et suiv.
Jardin botanique, 59, 171.
Jean [St-], 46, 48.
Jésuites [Petits], 120.
Journaux, 156, 157, 158.

L.

Lanterne [allumer la], 34, 35.
Lecesve, 21 n. 1, 48.
Leones (inter), 26.
Locutions, 159 et suiv.

M.

Madoré [le père], 68.
Magasin, 163.
Mairie de Poitiers, 113.
Maîtres, 178 et suiv. — d'agrément, 151 et suiv. — ès arts, 210, 213, 217, 228.
Mandille, 129, 203.
Manœuvres, 7.
Manteau de la Sainte Vierge, 130.

Maréchaussée, 81.
Mécène, 220 et suiv.
Mémoires, notes, 162.
Mervache, 16.
Messe militaire, 6. — d'onze heures, 50.
Messieurs et dames, 154.
Métier, 163.
Michel (St-), 46, 47.
Milice bourgeoise, 118, 119.
Minimes, 20, 68, 220 n. 17.
Montierneuf, 4, 20, 47, 69 et suiv., 191 —(Paroisse, de) 20, 47, 69, 72.
Morte vivante, 16.
Morthemar (Tombeau des), 64.
Morts (fête des), 58.

N.

Nicolas (St-)83.
Nieuil (Hôtels de), 13.
Noblesse, 113.
Notre-Dame-la-Grande, 25, 38, 39, 49, 60, 125, 220 n.17 — l'Ancienne, 47. — de la Chandelière, 48. —(Paroisse de), 20, 49. — la Petite, 49.

O.

Obsèques, 57.
Opportune (Ste-), 49, 213.
Orgues, 24, 32, 38, 62, 66, 79.
Ouillette (Chanoines de l'), 41.
Oustrille (St-), 41.

P.

Palais, 121 et suiv. — (Chapelle du), 124.
Paroisses, 19, 25, 41. — (Clergé des), 54. — (Edifices des), 54. — dépendantes de St-Hilaire, 48.
Parvis (Chaires des), 25.
Pas-de-Dieu, 78.
Paul (St-), 49.
Pauvres (Travail des), 10.
Pavillon de Nieuil, 13.
Pèlerins, 90.
Père (titre de), 77.
Père éternel, 124.
Pères, 178 et suiv.
Perruquiers, 161.
Petit-Château, 112.
Pilori, 121, 192.
Pierre (St-), 20 et suiv., 27, 55. — l'Hospitalier, 48, 49. —le Puellier, 40.
Place Royale, 3 et suiv.
Poids-le-roi, 13
Poissonnerie, 13.
Pompes, 115 et suiv.
Pompiers, 115, 118.
Pont St-Cyprien, 53. — Guillon, 192. — Neuf, 190. — de Rochereuil, 192.
Porchaire (St-), 9, 35 n.1, 45, 50, 60 — (Pont de), 51.
Porte de Paris, 192. — de St Cyprien, 188, —de Pont-Achard, 193, — de Pont-Joubert, 191. — du Pont-Neuf, 189. — de Rochereuil, 189, 192. — de la Tranchée, 193,
Portefaix, 15.
Postes, 156.
Poudre (accident de), 121.

Pousse-penil [rue], 37.
Pratiques, 165.
Pré-l'Abbesse, 191.
Précepteurs, 54.
Premier de l'an, 149.
Présentation dans la société, 145.
Présidial, 124, 126, 136, 215, 220.
Prévôté, 125.
Prisons, 125.
Processions, 60, 125 et suiv., 203, 220 n. 17.
Professeurs, 168, 169.
Providence (la), 120.
Pupitres, 33, 35 n. 1.
Puygarreau, 110, 115, 201, 202 n. 1.
Pyramide de la rue Neuve, 119.

Q.

Quinquennium, 210, 212.

R.

Rabats, 8, 126, 223, 224 n. 22.
Radégonde (Ste-), 36, 131, 198, 220 n. 17. — (Paroisse de) 20, 37, 52
Recteur, 223.
Redoutes, 111.
Régiment d'Agénois, 3, 71, 73, 74. — de Normandie, 3 n. 1. — de Poitou, 3, 73. — du Roi, cav. 4, 74. — du Roi, inf., 3 n. 2. — de Rouergue, 3, 73. — de Royal-Roussillon, 3, 6, 73, 74. — de Salis, 3 n. 1. — de Walch, 3 n. 1.
Résurrection (la), 52.
Réunions de société, 142, 144.
Revenant, 42.
Rochex (le père), 64, 65.
Rose (Auberge de la), 44, 45.
Rossignolerie, 180, n. 1.
Ruelle intérieure, 83.

S.

Sabot d'Angers, 180, n. 1.
Sacré-Cœur (Dames du), 65.
Salle de spectacle, 154.
Saturnin (St-), 52.
Savin (St-), 53.
Séminaire (Grand), 78, 86, 111, 203, 211., — (Petit), 50, 83, 111, 212.
Séminaires, 111 et suiv. 112, 211, 212.
Sénéchaussée, 124.
Sergents de chœur, 55.
Sermons, 132.
Simplicien (St-), 53.
Sœurs grises de la Cueille, 19, 80. — de l'Hôtel-Dieu, 19, 85. — des Incurables, 20, 53. — de Montbernage, 20, 80. — des Pénitentes, 20, 81.
Soirées, 145 et suiv.
Soupers, 147, 148.
Statue de Louis XIV, 12.
Stéphanowski (le père), 67.
Subdélégués, 133.

T.

Tarasque, 200.
Tête au trou, 53.
Théologie (Ecoles de), 66, 112, 211, 212.
Thèses, 224. — des chevaliers, 218. — de droit, 215. — de maître ès arts, 219. — de médecine, 216. — de mois, 218. — de théologie, 213, 214.
Tour de la ville, 186 et suiv.

Trésoriers de France, 125, 127, 215, 220.
Triaise (Ste-) 18, 54.
Tribunal de l'Université, 221 n. 18.
Trinité, 23, 39, 40, 78, 81, 82, 83, 169.
Turgolines, 117.

U.

Union-Chrétienne, 77, 82.
Université, 66, 67, 127, 210 et suiv. — (Chancelier de l') 34, 214.
 — (Officiers de l'), 219 n. 15, 224 n. 22.
Ursulines, 20, 82, 83, 193.

V.

Vers à soie, 59, 170.
Visitation (la) 20, 83, 84, 193.
Visites, 115, 145, 149.
Voitures publiques, 117.
Voyage de dévotion, 54.
Vœux, 174 et suiv.

RECTIFICATION.

Pag. 42, lig. 14, *au lieu de* : « Un curé de cette paroisse fut as-
» sassiné le soir chez lui par l'amant de sa servante, qui s'était tenu
» d'abord caché pendant trois jours dans la cave, » *lisez* « un curé
» de cette paroisse, vieillard vénérable, fut assassiné le soir chez
» lui par le mari de sa servante; cet homme violent jusqu'à la furie,
» qui avait forcé sa femme de le quitter, s'étant introduit par esca-
» lade, demeura caché pendant vingt-quatre heures dans la cave. »

Poitiers. — Imp. de A. DUPRÉ, suc. de SAURIN FRÈRES.

www.ingramcontent.com/pod-product-compliance
Lightning Source LLC
Chambersburg PA
CBHW070531170426
43200CB00011B/2389